MARCO POLO

WOHIN
GEHT DIE REISE?
DIE BESTEN ZIELE FÜR
2023

NOCH UNENTDECKT

Diese Ziele hat bisher kaum jemand auf dem Schirm! Wir verraten dir, wohin du 2023 reisen solltest, bevor alle kommen. Auf die Schokoladeninseln São Tomé und Príncipe etwa oder in die Bergwelt Kirgistans.

NEUER GLANZ

Hier gibt's etwas Neues, wird neu gedacht oder sich sogar neu erfunden. „Da war ich schon", ist nicht mehr. Wirf einen frischen Blick auf Klassiker und Dauerbrenner wie die top sanierte Medina von Marrakesch.

Príncipe

Marrakesch

2023 ERLEBEN

NACH HALTIG

Das steht 2023 an: Openings, Events, Partys ... Sei einfach zur richtigen Zeit am richtigen Ort – zum Beispiel im April zur 150-Jahrfeier in der Völklinger Hütte oder im Herbst zur Rugby-WM in Paris.

Nachhaltig reisen: Wir zeigen dir, wo und wie das 2023 möglich ist. Wie wär's mit einer E-Bike-Tour auf dem Inn-Radweg durch die Alpen? Oder einer Wanderung durch die Wildnis im Nationalpark Bayerischer Wald?

Paris

Nationalpark Bayerischer Wald

Prof. Harald Zeiss

„Wir sollten langsamer reisen und mit mehr Respekt die Wunder unserer Erde erleben."

Wie würden Sie nachhaltiges Reisen in drei Sätzen definieren?

Eine Reise ist nachhaltig, wenn diese weder der Natur noch den Menschen im Urlaubsland Schaden zufügt. Zudem muss sie schonend mit den Ressourcen unserer Erde umgehen, damit künftige Generationen auch in den Genuss von Reisen kommen können. Klingt einfach umzusetzen, ist aber schwerer, als man denkt!

Was sollte man bei Fernreisen beachten, damit sie nachhaltig sind, und was bei Reisen innerhalb Deutschlands und Europas?

Bei einer Fernreise ist vor allem die Klimabelastung durch den Flug kritisch zu betrachten. Jeder Deutsche ist im Schnitt für den Ausstoß von 10 Tonnen CO_2 jährlich verantwortlich. Eine Reise nach Australien kann bereits diese 10 Tonnen verursachen – und das in wenigen Stunden. Daher gilt sowohl daheim als auch in der Ferne: lieber weniger oft fliegen und dafür länger vor Ort die Kultur und Natur des Gastlandes genießen.

Was wünschen Sie sich in Bezug auf nachhaltiges Reisen?

Wir müssen schnell Lösungen finden, mit ökologischem Kerosin zu fliegen. Außerdem sollten wir die Qualität von Reisen wieder höher wertschätzen, langsamer reisen und mit mehr Respekt die Wunder unserer Erde erleben. Eine gute Vorbereitung und Planung zahlt sich aus und schafft schönere Reiseerlebnisse.

Prof. Peter Wippermann

Wie lassen sich Trends vorhersagen?

Zukunft kann man nicht vorhersagen. Trends aber kann man beobachten. Sie entwickeln sich in gesellschaftlichen Nischen, und einige von ihnen werden so bedeutend, dass sie die Mitte der Gesellschaft erreichen. Die Bekämpfung des Klimawandels wurde zu einem der dringendsten Themen. In diesem Kontext ist „nachhaltig reisen" für viele Urlauber wichtig geworden.

Wie und von wem werden Reisetrends gesetzt?

Reisetrends entwickeln sich durch Sehnsüchte in der Gesellschaft. Unberührte Natur, die Entschleunigung des Reisens, Klimaneutralität sind zu neuen Qualitätsmaßstäben des Urlaubs geworden. Die persönliche Begeisterung für Erlebnisse, Erfahrungen und Destinationen lassen Trends entstehen. Durch Gespräche im Freundeskreis, Social Media und natürlich Insider-Tipps wächst das Interesse – ein Reisetrend wird populär.

Wie wird das Reisen in fünf oder zehn Jahren aussehen? Erwarten Sie größere Umbrüche?

Die Corona-Pandemie hat uns gezeigt, wie wenig selbstverständlich es ist, unbeschränkt reisen zu können. Der Klimawandel mit seinen extremen Wetterereignissen wie Hitze, Dürren und Starkregen nimmt in vielen Regionen zu und wird das Reisen für immer verändern. Ökologische Verantwortung im Tourismus wird wichtiger.

„Ökologische Verantwortung im Tourismus wird wichtiger."

10

x
DEUTSCHLAND, ÖSTERREICH UND DIE SCHWEIZ

15
x
EUROPA

15
X
WELTWEIT

10

X

DEUTSCHLAND, ÖSTERREICH UND DIE SCHWEIZ

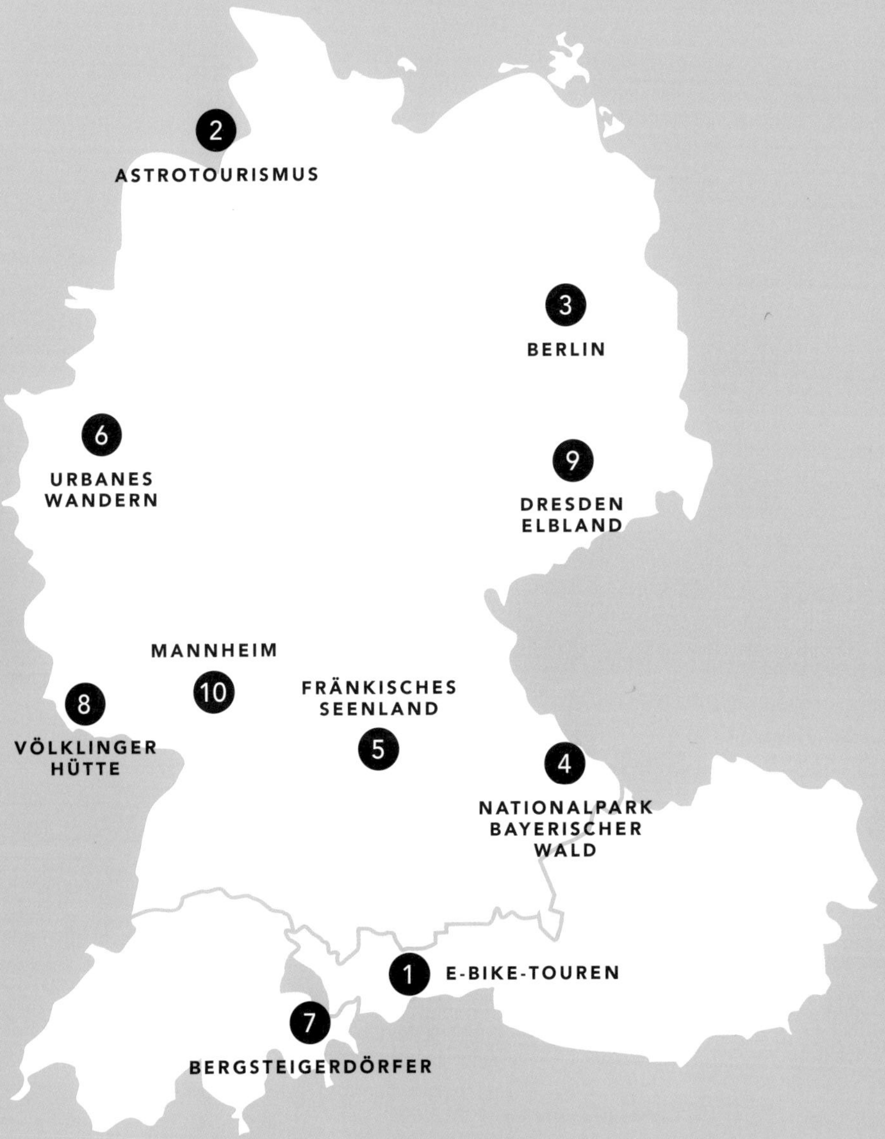

2 ASTROTOURISMUS

3 BERLIN

6 URBANES WANDERN

9 DRESDEN ELBLAND

MANNHEIM

8 VÖLKLINGER HÜTTE

10

5 FRÄNKISCHES SEENLAND

4 NATIONALPARK BAYERISCHER WALD

1 E-BIKE-TOUREN

7 BERGSTEIGERDÖRFER

1

TREND: E-BIKE-TOUREN

Der Radtrend ist ungebrochen. Nachdem E-Bikes den Markt erobert haben, ist die Frage nach einer Steckdose in Gasthöfen und Hotels kein Thema mehr. Und nachhaltig ist das Radeln selbst mit E-Antrieb.

Der gute alte Drahtesel hat eine echte Karriere hingelegt. Mit den stromunterstützten High-tech-Maschinen von heute kannst du Strecken bewältigen, die früher nur Asketen mit Stahlwaden unter die Reifen genommen hätten. Das heißt, dass auch Touren von 500 km Länge, die womöglich sogar über mehrere Tausend Höhenmeter führen, für Normaltrainierte kein Problem mehr sind. Die Radwege-Welt hat sich dadurch enorm erweitert. Wie wär's also mit einer Tour, auf der du durch Österreich, die Schweiz und Deutschland radelst und dabei ganz entspannt die Alpen überquerst? Der Inn-Radweg bietet dieses Abenteuer – und ist nicht mal explizit als E-Bike-Tour ausgewiesen. Muss er auch nicht: Weil heute mehr E-Bike-als andere Radler unterwegs sind, ist das Akkuladen im Hotel oder Biergarten kein Problem mehr. Vielleicht schwingst du dich also auch auf ein trendiges E-Gravelbike, ein Rennrad für holprigere Pisten? Oder auf eins der neuen SUV-Bikes, Zwitter aus bequemem Cityrad und fettbereiftem Mountainbike mit leistungsstarkem Motor. Denn eins ist sicher: Der Radel-Trend geht 2023 weiter.

top rides

1 Inn-Radweg
Du träumst davon, einmal quer durch die Alpen zu radeln, schreckst aber vor den Strapazen zurück? 520 km geht's immer am Fluss entlang, vom Schweizer Engadin durchs österreichische Tirol bis ins bayerische Passau. Highlights aus drei Ländern – mehr Alpen geht nicht! www.innradweg.com

2 Radregion Donau
2022 ist der Donau-Radweg nicht nur 40 Jahre alt geworden, der Klassiker unter Europas Fernradwegen hat auch noch Zuwachs bekommen: **INSIDERTIPP** In Oberösterreich verführen 15 neu ausgewiesene E-Bike-Strecken an beiden Ufern des langen Stroms zu spannenden Schlenkern. www.donauregion.at

3 La Route Verte
„Die grüne Route" heißt eine speziell für E-Bikes konzipierte Tour, auf der du fast 500 km weit in sieben Etappen über die Pässe und durch die Wein- und Obstgärten von sechs Naturparks des Schweizer Jura radelst. www.larouteverte.ch

4 Bodensee–Königssee
Einer der schönsten Radwege Deutschlands: Auf dem Bodensee-Königssee-Radweg radelst du 460 km und 4000 Höhenmeter durch die traumhaft schöne Idylle der Alpen, vorbei an urigen Gasthöfen und durch lauschige bayerische Städtchen. www.bodensee-koenigssee-radweg.de

5 Nordseeküsten-Radweg
Höhenmeter spielen bei dieser Tour, die als längster ausgeschilderter Radweg im Guinness-Buch der Rekorde steht, keine Rolle. Rund 600 seiner 6000 km folgen der deutschen Nordseeküste. Eins muss dir aber klar sein: Der Wind kommt stets von vorn. https://de.eurovelo.com/ev12

6 Iron-Curtain-Trail
Jetzt wird's historisch. Der deutsch-österreichische Abschnitt des Radwegs entlang des früheren Eisernen Vorhangs ist über 2000 km lang. Fährst du diesen Teil am Stück, bist du mehr als 30 Tage unterwegs durch die oft unberührte Natur des „Grünen Bands". https://de.eurovelo.com/ev13

E-BIKE-TOUREN

Tagesetappen: Die offiziellen Etappen richten sich in der Regel an normale Radler. Je nach Terrain, Akku und Unterstützungsstufe schaffst du mit dem E-Bike aber deutlich mehr.
Gepäck: Achte auf gute Radtaschen und darauf, dass das Rad ausbalanciert gepackt ist.
Apps: Hilfreich sind Navi-Apps wie Bikemap oder Komoot und eine gute Wetter-App.
Mehr Infos: www.adfc.de

		€€€
JAN	JUL	
FEB	AUG	
MÄR	SEP	€€
APR	OKT	
MAI	NOV	
JUN	DEZ	€

BESTE REISEZEIT   BUDGET SKALA

Eins ist sicher:
Der Radel-
Trend geht
2023 weiter

Mit vierbeinigem Gegenverkehr müssen Radlerinnen und Radler in den Alpen immer rechnen. Dann heißt es: absteigen und das Rad gemütlich vorbeischieben.

Pausenstopp mit Erfrischungsgarantie: Ein kalter Bergbach am Wegesrand weckt die Lebensgeister, müde Muskeln und die Motivation.

Die Bronzeskulptur „De Utkieker" von Hannes Helmke auf der Sterneninsel Spiekeroog zeigt die Blickrichtung an: hinauf ins unendliche Weltall.

Man muss kein Milliardär sein, um ins All zu reisen. Sternenparks bieten die günstigste und nachhaltigste Form des Welt(raum)reisens und erfreuen sich immer größerer Beliebtheit.

TREND: ASTROTOURISMUS

2

D as Universum verschwindet. Na ja, nicht wirklich, aber es verschwindet aus unserem Blick. Oder wann hast du das letzte Mal einen dieser atemberaubenden Schaut-mal-her-ich-bin-die-Milchstraße-Sternenhimmel gesehen? Ein nächtliches Naturspektakel, bei dem man das Gefühl hat, in die Unendlichkeit gesogen zu werden? Siehst du! Unsere Lebensräume sind einfach zu hell, zu viel künstliches Licht lässt die Sterne verblassen. Und so ist etwas ganz Alltägliches – die Weltallkuppel über unseren Köpfen – zu etwas Exotischem geworden. Immer mehr Menschen machen sich deshalb auf die Suche nach Nachtschwärze. Und immer mehr Orte begegnen dieser Sehnsucht nach dem ungestörten Blick in die unendlichen Weiten –

mit Dunkelheit. Neben dem rund einem halben Dutzend deutscher Sternenparks zählen Spiekeroog und Pellworm zu den jüngsten (und dunkelsten) dieser Orte: Von der International Dark-Sky Association (IDA) sind sie zu Sterneninseln gekürt worden. In den lichtgeschützten Nächten können Astrotouristen an eigens eingerichteten Stationen die Sterne überm zappendusteren Wattenmeer bestaunen. Da wird die Inselfähre zum Sternenkreuzer …

Da wird die Fähre zum Raumschiff

top spots

1 Sterneninseln
6231, 6232, 6233 … du musst sie nicht unbedingt zählen, die Sterne, die du in klaren Nächten an den „Sternenkieker-Orten" auf Spiekeroog und Pellworm mitten im Wattenmeer erspähst. Bei astronomischen Führungen wird dir der Nachthimmel erklärt.
www.spiekeroog.de/sterneninsel
www.pellworm.de/sterneninsel

2 Internationaler Sternenpark Nationalpark Eifel
Ein besonderes Juwel: erdgebundene Allerkundung im bevölkerungsreichen und eigentlich besonders hell leuchtenden Nordrhein-Westfalen! Es gibt eine Reihe von Beobachtungsplätzen und die Sternwarte Vogelsang. www.nationalpark-eifel.de

3 Mecklenburger Parkland
Die sechs Stationen des Astronomischen Lehrpfads im Mecklenburger Parkland machen sich die Dunkelheit über der Landschaft bei Rostock zunutze. Dank Info-Tafeln und Installationen findest du dich auch als Laie am Himmel zurecht. www.plmv.de

4 Planetarium in Jena
Das älteste Planetarium der Welt, das Jenaer Zeiss-Planetarium von 1926, bietet modernste Technik und die größte Kuppel Deutschlands. Als Astronomie-Fan liebst du die hochaufgelöste Projektion und die vielen Shows, als Romantiker **INSIDER TIPP** das Mondscheindinner unter der Kuppel. www.planetarium-jena.de

5 Satellitenkontrollzentrum
Willst du per Satellit ins Weltall, musst du nach … Darmstadt. Hier steht nämlich das Satellitenkontrollzentrum der ESA, der European Space Agency. Bei einer Führung schnupperst du in den Kontrollräumen Missionsatmosphäre. www.esa.int

6 Deutsches Museum
Das Planetarium im Deutschen Museum in München liegt als Höhepunkt im 6. Stock. Es ist aber nur das Sahnehäubchen in der spektakulären Astronomieausstellung der größten naturwissenschaftlich-technischen Sammlung der Welt. Geh auf Expedition! www.deutsches-museum.de

• • • • • **A S T R O T O U R I S M U S** • • • • • • • • • • • • • • • • • • •

Ausrüstung: Fernglas und warme Kleidung, eventuell Mütze und Handschuhe – auch im Sommer können die Nächte kalt sein.
Apps: Astronomen empfehlen Sky View oder Star Chart zur Orientierung am Nachthimmel.
Beste Zeit: Mindestens 1 1/2 Stunden nach Sonnenuntergang.
Gut zu wissen: 30 Minuten brauchen die Augen, um sich an die Dunkelheit zu gewöhnen.

		€€€
JAN	JUL	
FEB	AUG	
MÄR	SEP	€€
APR	OKT	
MAI	NOV	
JUN	DEZ	€

BESTE REISEZEIT   **BUDGET SKALA**

Alle anschnallen zum wilden Flug durch Raum und Zeit! Die Kuppel im Zeiss-Planetarium in Jena hat einen Durchmesser von 25 m und ist damit die größte in Deutschland.

Sundowner mit Flussblick: Berlins beliebteste Sommeradressen finden sich an der Spree und den vielen Kanälen, die sich durch die Stadt winden.

Trend? Viele meinen, da kann man auch gleich Berlin sagen. Was wir hiermit tun: Nach zwei Jahren im Zeitlupentempo ist die Hauptstadt aber sowas von wieder am Start.

BERLIN

3

Eigentlich hättest du ab 2023 das umgebaute Pergamon-museum auf der Museums-insel besuchen können. Nun wird das Mammutprojekt wohl doch erst 2025 fertig, aber deswegen musst du deine Berlin-Reise nicht verschieben! In Deutschlands Weltstadt ist nämlich trotz zwei Jahren relativer Zwangspause unglaublich viel passiert – und 2023 ist das Jahr, in dem du Berlin neu entdecken kannst. Zum Beispiel wurde im Spätsommer 2022 das (noch immer von Debatten begleitete) Humboldtforum fertig, dann kannst du die kompletten 40 000 m² erkunden, bis hinauf zur Dachterrasse. Neu sind etwa das Samurai-Museum, das MINSK Kunst-haus mit DDR-Kunst in Potsdam oder die Fotografiska-Dependance im Ta-

cheles für Fotofans. Nach Umbau wieder eröffnet werden das Medizin-historische Museum und die „Story of Berlin" (beide 2023). Oder du feierst vom 17. bis 25. Juni mit bei den Special Olympics World Games. Bei den Weltspielen der sportlichen Inklusion, die zum ersten Mal in Deutschland ausgetragen werden, treten Tausende Athleten mit geistiger und mehrfacher Behinderung gegeneinander an. Neue Clubs, der Höhenflug der Vintage- und Secondhand-Läden, neue oder aufgefrischte Hotels wie das Stilwerk in Charlottenburg, neue Festivals wie Tempelhof Sounds, das bei seiner Premiere 2022 buchstäblich ein Erdbeben verursachte – es geht jede Menge ab in Berlin! Also am besten keinen Kurztrip machen, sondern gleich ein Sabbatical.

to do

to see

1 Ein Hauch von Chaos
Subkultur? Na ja, das RAW-Gelände in Friedrichshain mit seinem herrlich chaotischen Kreativkonzept ist zwar nicht überall, aber an vielen Stellen längst zum Touristenmagneten geworden. Und in seiner jetzigen Form bald Geschichte: 2024 wird gebaut – also unbedingt nochmal schnuppern, bevor die Bagger anrücken.

2 Termin-Erinnerung!
Du hast das neue Festival Tempelhof Sounds verpasst? Dann feier bei der zweiten Ausgabe mit (10.–12.6.). Auch das neue Mode-Event The Ground kommt 2023 wieder (13.–15.7.). Und jetzt ein Blick nach Potsdam: Da findet im Juni 2023 ein neues Umwelt-Film-Festival statt.

3 Picknweight
Secondhand ist hip. Und nachhaltig: In den Läden in Mitte und Kreuzberg kaufst du völlig abgefahrene Die-muss-ich-einfach-haben-Secondhand-Klamotten nach Gewicht. Die Shops stehen hier nur exemplarisch für Berlins Vintage-Welle.

4 Medizinhistorisches Museum der Charité
Vielleicht sollte man vorher nicht unbedingt ein blutiges Steak verputzen: Auch nach dem Umbau bis Anfang 2023 wird die Dauerausstellung „Dem Leben auf der Spur" gruselig bis faszinierend bleiben.

5 Das Kleine Grosz Museum
In den 1950ern hatte Tanken noch Stil. Jetzt haben Benzin und Diesel ein Imageproblem – **INSIDER TIPP** und das Tankstellengebäude mit dem typisch geschwungenen Dach in der Bülowstraße ein neues Kunstmuseum. Die dortigen Arbeiten des Gesellschaftskritikers, Nazi-Gegners und Berliners George Grosz sind heute vielleicht wichtiger denn je.

6 Neue Nationalgalerie
2021 wurde das Museum im Mies-van-der-Rohe-Bau nach der Sanierung wieder öffnet. Bis 2026 entsteht das „Museum des 20. Jahrhunderts" nebenan, damit endlich mehr der Kunst des 20. Jahrhunderts gezeigt werden kann.

• • • BERLIN ▸ •

Bundesland: Berlin
Einwohner: 3,6 Mio.
Anreise: Züge halten am Hauptbahnhof. Weitere Fernbahnhöfe sind Süd- und Ostkreuz, Gesundbrunnen, Ostbahnhof und Spandau. Günstig ist auch die Anreise per Fernbus.
Vor Ort unterwegs: Mit U- und S-Bahn von 4 bis 1 Uhr im 5- und 10-Minuten-Takt
Mehr Infos: www.visitberlin.de

		€€€
JAN	JUL	
FEB	AUG	
MÄR	SEP	€€
APR	OKT	
MAI	NOV	
JUN	DEZ	€

BESTE REISEZEIT   **BUDGET SKALA**

Am Wochenende machen Berlins S- und U-Bahnen durch – genau wie das Partyvolk, das sich in den Bars und Clubs die Nacht um die Ohren schlägt.

4

NATIONALPARK BAYERISCHER WALD

„Unser Woid", sagen sie in Bayern stolz.
Zu Recht! Dank einer Erweiterung rückt
Deutschlands ältester Nationalpark wieder
in den Blick. Zeit, die Waldwildnis voll selte-
ner Pflanzen und Tiere zu durchstreifen.

Nicht nur der Luchs, auch Biber, Auerhuhn und viele seltene Pflanzen haben in der Wildnis des Nationalparks Bayerischer Wald ein Refugium gefunden.

Den Wald vor lauter Bäumen nicht sehen? Genau deshalb solltest du 2023 in den Nationalpark Bayerischer Wald reisen, den wilden Forst an der Grenze zu Tschechien. Mit der Entscheidung der bayerischen Landesregierung, das Schutzgebiet um knapp 700 ha zu vergrößern, hat es sich in unser Gedächtnis zurückgerufen. Zumal du, wenn du vom größten Waldnationalpark des Landes in den angrenzenden tschechischen Nationalpark Šumava (Böhmerwald) wechselst, durch das größte Waldschutzgebiet Mitteleuropas wanderst. Top! Waldbaden liegt schließlich voll im Trend. Eingriffe des Menschen sollen hier möglichst klein sein – weshalb 2023 auch ein neues Verkehrsleitsystem in Kraft tritt. Da kannst du dann digital sehen, wo's noch freie Parkplätze gibt und musst nicht mehr ziellos durch den „Woid" kurven. Der ist mit seinen dunklen Fichten, tiefen Schluchten und hohen Gipfeln etwas für alle, die endlich raus wollen. Auf 350 km Wanderwegen draußen in der Natur den Akku aufladen – in Bayerisch-Kanada. Man muss nämlich gar nicht um die halbe Welt fliegen, um in der Wildnis zu landen.

to do

to see

1 Give me Moor!
Weiße Birken, grüne Gräser, dunkle Seen: Das Finsterauer Filz ist magisch. Seit 2022 gehört das Hochmoor an der tschechischen Grenze zum Nationalpark. Auf geht's: im Sommer zu Fuß – im Winter auf Schneeschuhen.

2 Zur Hölle nochmal
Nichts wie rein in den Urwald rund um die Höllbachgspreng mit ihren hohen Felswänden und dem Wasserfall des Großen Höllbachs. Wer sich nicht allein in die Wildnis traut, geht mit dem Nationalparkranger mit. Führungen findest du auf der Webseite des Parks.

3 Das ist der Gipfel
Schon mal auf einer Himmelsleiter gewandert? Die im Bayerischen Wald führt schnurgerade steil rauf zum Gipfel des Lusen. Da stehst du dann und schaust auf ein riesiges Feld voller Granitquader – das Blockmeer. **INSIDER TIPP** Übernachte im Lusenschutzhaus – schönster Sonnenuntergang ever!

4 Baumwipfelpfad
Auf Augenhöhe mit den Baumspitzen? Kein Problem! Der Baumwipfelpfad in Neuschönau führt dich barrierefrei ganz nah ran. Mehr als einen Kilometer geht es durch Buchen, Tannen und Fichten und am Ende rauf aufs 44 m hohe Baum-Ei. Garantiert der beste Blick über Gipfel und Wipfel!

5 Tierfreigelände Neuschönau
Safari mitten in Bayern: Im Tierfreigelände Neuschönau triffst du auf Wisente, Wölfe, Wildkatzen und Braunbären! Aber keine Sorge, gefährlich wird es nicht: Die Tiere leben nicht ganz in Freiheit. Und die menschlichen Besucher bleiben schön auf dem Rundweg.

6 Rachelkapelle
Immer mal wieder ist sie abgebrannt, doch zum Glück wurde sie jedes Mal wieder aufgebaut: Die kleine Holzkapelle auf dem Felsen über dem Rachelsee ist ein Glücksort in 1212 m Höhe. Und perfekt fürs schönste Selfie nach der Wanderung!

• • • • • NATIONALPARK BAYERISCHER WALD • • • • • • • •

Bundesland: Bayern
Anreise: Mit dem Zug über Plattling oder Passau, weiter mit der Waldbahn oder dem Schnellbus 100.
Vor Ort unterwegs: Im Nationalpark mit Bahn und „Igelbussen", mit dem Gästeservice Umwelt-Ticket ist das sogar kostenlos.
Mehr Infos: www.nationalpark-bayerischer-wald. bayern.de, www.bayerischer-wald.de

	€€€
JAN JUL	
FEB AUG	
MAR SEP	€€
APR OKT	
MAI NOV	
JUN DEZ	€

BESTE REISEZEIT BUDGET SKALA

Perfekt fürs schönste Selfie nach der Wanderung

Raue Natur und Bäume, so weit das Auge reicht: Blick von der Rachel-kapelle auf den Rachelsee. Wer die Wildnis liebt, ist hier, in Bayerisch-Kanada, richtig.

Wer genug von SUP und Wakeboard hat, kann es auf dem Brombachsee auch mal ganz ruhig und klassisch angehen. Baden übrigens inklusive!

5

FRÄNKISCHES SEENLAND

Die Mecklenburger Seenplatte kennen alle. Doch wer war schon mal im Fränkischen Seenland? Eine unbekannte Urlaubsregion, in der sieben Seen mit Action locken. Und wenn's mal regnet, ab nach Nürnberg!

Es muss nicht immer die Müritz sein. Rund um Brombach-, Altmühl- und Rothsee warten Wasserspaß und Sandstrände. Kennst du alle nicht? Dann nichts wie hin. Wo einst die Bauern ihre Felder beackerten, entstand 1973 der erste Stausee. Sechs weitere kamen dazu. 50 Jahre später gibt's dort eine Wasserlandschaft mit bester Infrastruktur. Die Region entdeckst du vom Wasser aus. Wenn der Wind auffrischt, sind Segler und (Kite-)Surfer am Start. Wassersportschulen bieten Kurse an. Das Highlight: Seit 2019 zieht eine moderne Wakeboardanlage Anfänger und Profis über den Brombachsee. Wer's gemütlicher mag, leiht sich einfach ein Tretboot. Oder paddelt mit dem SUP in den Sonnenuntergang. Beachlife in Franken! Am Ufer geht das Abenteuer weiter. In trendigen Tiny-Häusern oder Baumzelten verbringst du die Nacht und träumst vom nächsten Tag am See. Falls die Sonne pausiert: Nürnberg *is the place to be*! Nur 50 km, und du spazierst durch enge Gassen zur Kaiserburg. Schon klar, warum Nürnberg immer wieder in den Top 30 der lebenswertesten deutschen Städte landet, oder?

to do

to see

1 Ahoi, Käpt'n!
Alle Mann an Bord, die *MS Brombachsee* sticht in See. Das Fahrgastschiff ist ein Trimaran mit drei Rümpfen – und einmalig in Europa. Eine Stunde über den See schippern ist besser als jede Kreuzfahrt. Abfahrtszeiten und Preise findest du auf www.msbrombachsee.com.

2 Ab aufs Brett!
Einmal über den kleinen Brombachsee brettern – wie nice ist das denn?! Wakeboarden macht einfach Laune. Alle, die noch keine Erfahrung haben, belegen am besten einen Einsteigerkurs. **INSIDER TIPP** Eine Nacht im benachbarten Baumzelt buchen – und morgens direkt aufs Brett. Infos gibt's auf www.wakepark-brombachsee.de.

3 Insel der Ruhe
Auf der Vogelinsel finden alle ihre Ruhe – Menschen und Tiere. Im Naturschutzgebiet am Altmühlsee rasten und brüten jedes Jahr rund 280 Vogelarten. Der 1,5 km lange Rundweg führt mitten durch die Vogelwelt – und fährt dich runter.

4 Deutsches Museum Nürnberg
Wie werden wir in 10, 20 oder 50 Jahren leben? Darum dreht sich alles in den fünf Themenbereichen des Zukunftsmuseums in Nürnberg. Der neue Ableger des Deutschen Museums München ist ein Ort für kleine und große Entdecker – mit vielen Mitmachstationen.

5 Kaiserburg Nürnberg
Mächtig thront sie über der Stadt: Die Kaiserburg, Nürnbergs Wahrzeichen, war einst eine der bedeutendsten Kaiserpfalzen des Heiligen Römischen Reichs. Auf der Burg fühlst du dich wie damals im Mittelalter. Und du hast von hier den besten Blick über die Altstadt.

6 HopfenBierGut Spalt
Was wäre Bayern ohne sein Bier? Im HopfenBierGut in der Hopfenstadt Spalt dreht sich alles ums Kultgetränk. Egal, ob interaktives Biermuseum, ProBierStunden oder Braukurse – Bierfans sind hier absolut richtig. Prost!

• • • • FRÄNKISCHES SEENLAND • • • • • • • • • • • •

Bundesland: Bayern
Seezentren zum Baden: 28
Anreise: Das Seenland liegt 60 km südwestlich von Nürnberg. Die Stadt erreichst du mit dem Auto über die A3 und A9 und per Zug.
Gut zu wissen: Der Wanderweg „Der Seenländer" verbindet Altmühl- mit Brombach- und Rothsee (146 km).
Mehr Infos: www.fraenkisches-seenland.de

		€€€
JAN	JUL	
FEB	AUG	
MÄR	SEP	€€
APR	OKT	
MAI	NOV	
JUN	DEZ	€

BESTE REISEZEIT   BUDGET SKALA

Finnland? Kanada? Mecklenburg-Vorpommern? Keineswegs, auch die fränkischen Seen schaffen tolle Wolkenspiegelbilder bis zum Horizont.

Keine rostige Industrieruine, sondern lebendiges Weltkulturerbe: Die Zeche Zollverein in Essen ist Startpunkt des neuen Zollvereinsteigs.

Wandern ist das neue Clubbing. Echt jetzt? Tatsache ist, dass immer mehr Menschen ihre Heimatstädte mit Rucksack und Trekkingschuh erkunden, auch dank neuer Wanderangebote.

TREND: URBANES WANDERN

6

Was, wenn Mallorca, Bangkok oder der Grand Canyon plötzlich so weit weg sind wie der Mond, weil alle Grenzen wegen eines Virus' dicht sind? Dann sucht man sich seine Abenteuer eben vor der Haustür. Bilbo Beutlin, Hobbit und Experte für weite Reisen zu Fuß, weiß Rat: „Die Straße gleitet fort und fort, weg von der Tür, wo sie begann …", heißt es in Tolkiens Buchvorlage – und der Text des fiktiven Wanderlieds beschreibt ziemlich genau das, was urbanes Wandern bedeutet: Du schulterst deinen Rucksack, trittst vor die Tür und folgst einfach der Straße. Unschlagbarer Vorteil: Das kannst du in der eigenen Stadt auch dann machen, wenn der Bewegungsradius gerade mal wieder eingeschränkt ist. Weshalb das Wandern allgemein und das in Städten im Besonderen in den letzten zwei Jahren ordentlich geboomt hat. Mit dem Rucksack durch den Großstadtdschungel sei das neue Clubbing, hieß es sogar. Während im Ruhrgebiet mit dem Zollvereinsteig ein ganz neuer Wanderweg eröffnet wurde, veröffentlichte Hamburg 2021 eine neue Überblicks-Wanderkarte mit GPX-Daten zu seinem Grünen Netz. Eins jedenfalls ist klar: Auch 2023 wird das Wandern angesagt bleiben. Und viele werden sich, ob aus Rücksicht auf den Geldbeutel oder den ökologischen Fußabdruck, für Abenteuer vor der Haustür entscheiden. Und wer weiß, vielleicht nimmst du dir irgendwann statt einer Zebrastreifen- eine Alpenüberquerung vor? Stadtwandern macht Lust auf mehr.

top walks

1 Zollvereinsteig
Gut, die Schurenbachhalde ist mit 50 m Höhe nicht die Zugspitze, aber der Blick auf den Essener Norden ist Bombe. Von hier aus sieht man auch die Zeche Zollverein, das Weltkulturerbe, wo der neu konzipierte, 26 km lange Wanderweg zwischen Ex-Industrie und ganz viel grüner Natur startet. www.zollverein.de

2 Kölnpfad
Du hast zufällig gerade elf Tage Zeit? Wie wär's dann mit einer Wanderung einmol öm Kölle röm? Die City der Domstadt spart der rund 170 km lange Wanderweg zwar aus, aber alle Etappen sind an Bus und Bahn angeschlossen. Zwischen Forts und Autobahn, Seen und Logistikzentren. www.koelner-eifelverein.de/koelnpfad

3 Stäffelestour
„Stäffele" ist schwäbisch und bedeutet Trepplein. Bis zu 600 soll es in Stuttgart geben. Wer sie bezwingt, macht ordentlich Höhenmeter und lernt die Landeshauptstadt auf besondere Weise kennen. www.stuttgart.de

4 GrünGürtel-Rundwanderweg
Vor ein paar Jahren wurden die 68 km rund um Frankfurt/M. als bester Metropolen-Wanderweg Deutschlands ausgezeichnet. Die Etappen sind zwischen 5 und 10 km lang, und zu lachen gibt es auch etwas: 15 Objekte komischer Kunst bereichern dein Traben durch die Natur. www.frankfurt.de

5 Berliner Wanderwege
Strecken fürs Urban Hiking in Berlin gibt's unendlich viele, etwa den Panke-Wanderweg, ein Tagesmarsch, der von Brandenburg bis in die Innenstadt führt. Du magst es ausufernder? Nimm den 160 km langen Mauerweg entlang der früheren DDR-Grenze unter die Sohlen: www.berlin.de/mauer/mauerweg; www.visitberlin.de

6 Grünes Netz Hamburg
Mit Wanderkarte und GPS-Daten durchstreifst du die Hansestadt entlang von zwölf Achsen. Alle starten im Zentrum, zum Beispiel vom Jungfernstieg zum weltgrößten Parkfriedhof. www.hamburg.de/gruenes-netz

· · · · · **URBANES WANDERN** · · · · · · · · · · · · · · · · · ·

Ausrüstung: Rucksack, Wanderschuhe, Wanderkarte, ÖPNV-Ticket
Apps: Navi-Apps, die GPX-Daten verarbeiten können, wie Komoot oder Outdooractive
Beste Zeit: Starte frühmorgens oder wandere in den Abend hinein – so erlebst du deine Heimatstadt aus einer anderen Perspektive.
Gut zu wissen: Urbane Wanderwege führen an Bus- und Bahnhaltestellen vorbei.

€€€

JAN	JUL
FEB	AUG
MÄR	SEP
APR	OKT
MAI	NOV
JUN	DEZ

€€

€

BESTE **BUDGET**
REISEZEIT **SKALA**

Mit dem Rucksack durch den Großstadtdschungel

Skateboard in den Rucksack packen, denn plötzlich wird's ganz urban: Etappe vier des Frankfurter GrünGürtel-Rundwanderwegs führt am Skatepark im Hafenpark vorbei.

7

BERGSTEIGER-DÖRFER

Zurück zu den Wurzeln, aber bitte zeit-gemäß! Die Initiative Bergsteigerdörfer will weg von Liften und Bergrummel und hin zu einem nachhaltigen Alpintourismus, der die Natur wieder in den Fokus rückt.

Zurück zu den Wurzeln in einer überwältigenden Natur aus Gipfeln und Graten – das ist Urlaub im Bergsteigerdorf Guarda im Unterengadin in der Schweiz.

Bergsteigerdorf, das klingt nach alpinen Abenteuern, nach Tradition und einem urwüchsigen, nachhaltigen Lebensstil. Genau den hatte der Österreichische Alpenverein im Sinn, als er die Initiative mit dem markanten Namen 2008 ins Leben rief. Aus den 15 österreichischen Orten der ersten Stunde sind inzwischen 35 im ganzen Alpenraum geworden, Tendenz vor allem in den letzten Jahren stark steigend – allein 2021 sind sechs Bergsteigerdörfer dazugekommen. Ganz neu dabei: die Schweiz mit St. Antönien in Graubünden und Lavin, Guarda und Ardez im

Unterengadin. Die Orte, die Bergsteigerdorf werden möchten, müssen auf nachhaltigen Tourismus und sanfte Mobilität setzen, die Tradition und das Ortsbild erhalten und vor allem: aktiv die Natur schützen. Die Initiative, zu der auch Italien mit Südtirol, Slowenien und Deutschland gehören, trifft einen Nerv. Immer mehr Menschen wollen dem Massenrummel auf nachhaltige Art und Weise entfliehen. Dabei soll es aber nicht zurück zum Tirolerhut-und-Bundhosen-Bergurlaub gehen – sondern zu einer Art Tourismus, der die Alpennatur auch für künftige Generationen erhält.

to do

1 Klettern und wandern
St. Antönien ist das erste Schweizer Bergsteigerdorf. Hier bist du auf 1450 m in einer eindrucksvollen Bergwelt weitab der Alltagshektik. Wanderungen führen in die Einsamkeit der Berge, und für Schwindelfreie ist der Sulzfluh-Klettersteig ein echtes Abenteuer.

2 Skitouren
Wenn im Salzburger Lungau der Winter ins schneesichere Tal am Fuß der Niederen Tauern einzieht, bremsen die Schneemengen das Leben in Göriach, Bergsteigerdorf von 2021, noch weiter runter. Du schnallst Touren- oder Langlaufski an oder gehst rodeln – und fällst einfach aus der Zeit.

3 Wassersport und Baden
Kurvenreich geht's hinauf auf das Hochplateau im österreichischen Kärnten, wo das Bergsteigerdorf Zell direkt an der Grenze zu Slowenien liegt. Als Ausgleich zum Wandern und Klettern in den Karawanken hüpfst du in den klaren Freibacher Stausee.

to see

4 Seenplatte Macun
Aus den drei benachbarten Dörfern Lavin, Guarda und Ardez besteht das zweite Schweizer Bergsteigerdorf von 2021. Die kleinen Orte verzaubern mit ihrer traditionellen Engadiner Architektur und liegen zum Teil im einzigen Schweizer Nationalpark – der hier mit den 23 Bergseen der Seenplatte Macun lockt.

5 Inschriftenhöhle
Hinter Steinberg am Rofan, noch ein Neuzugang unter den Bergsteigerdörfern, ist die Welt zu Ende. Hier, vom Talschluss aus, führen unzählige Wanderwege in die Nordtiroler Berge. Mach dich auf und INSIDER TIPP besuch unterwegs zum Schneidjoch die Höhle mit den rätselhaften Felsritzungen.

6 Wimbachklamm
Vier Bergsteigerdörfer gibt es in Deutschland, Ramsau am Fuß des Watzmanns im Berchtesgadener Land gehört dazu. Nicht verpassen solltest du hier eine Wanderung durch die Wimbachklamm, eine Traumwelt mit unzähligen Wasserfällen.

• • • • • **BERGSTEIGERDÖRFER** • • • • • • • • • • • • • • • • • • •

Philosophie: Bergsteigerdörfer vertreten Nähe ohne Respektlosigkeit, Genuss auf hohem Niveau, Bewegung aus eigener Kraft, Anregung ohne Hektik, Belebtheit ohne Lärm.
Gut zu wissen: Rund um die Bergsteigerdörfer finden sich nur wenige kleine oder gar keine Lifte und andere Aufstiegshilfen.
Mehr Infos: www.bergsteigerdoerfer.org; hier gibt es Broschüren zu den einzelnen Orten.

		€€€
JAN	JUL	
FEB	AUG	
MÄR	SEP	€€
APR	OKT	
MAI	NOV	
JUN	DEZ	€

BESTE REISEZEIT   BUDGET SKALA

Neugierige Ziegen statt Massen von Touristen: Eine Auszeit im Bergsteigerdorf ist eine Reise zurück in die Zeit, als die Uhren noch langsamer tickten.

8

VÖLKLINGER HÜTTE

Das ehemalige Eisenwerk im Saarland ist und bleibt ein touristisches Welt-Highlight. 2023 feiert es seinen 150. Geburtstag – also auf zur Zeitreise in die Ära des Stahls und der brüllenden Hochöfen.

Bisher war die Trockengasreinigung nicht für Besucher zugänglich. Ab 2023 ändert sich das und man kann diese rein saarländische Innovation erleben.

Seit rund 30 Jahren ist die Völklinger Hütte Unesco-Welt-kulturerbe – als erstes und einziges vollständig erhaltenes Eisen-werk der Welt. Falls sich dieses ein-zigartige Industriemonument, das für die Bedeutung einer ganzen Ära steht, noch nicht auf deiner Bucket List findet, solltest du es 2023 drauf-setzen. Dann nämlich wird die Völklin-ger Hütte 150 Jahre alt. Anlass genug für die Verantwortlichen, ein pas-sendes Jubiläumsprogramm auf die Beine zu stellen und auch sonst mit einigen Neuerungen aufzuwarten. Der gigantische Wasserhochbehälter etwa, einer der größten seiner Art weltweit, wird zur zentralen Eingangs-plattform mit neuem Café inklusive Außenterrasse. Dazu gibt es einen neuen Aussichtspunkt auf dem Beton-kohlenturm, neue Besucherwege auf der Sinteranlage und der Kokerei, und auch die Trockengasanlage wird zu-gänglich gemacht. Aber warum sollte man diesen Dino aus Stahl, Staub und Rost besuchen? Weil die faszinierend urtümlichen Anlagen an die Hochzeit der Industrialisierung im 19. Jh. erin-nern. Weil es hier spannende Kunst, Events und Ausstellungen gibt. Und weil die Hütte einfach rockt.

to do

1 Jubiläumsprogramm

1873 wurde die Völklinger Hütte gegründet, fast durchgehend bis 1986 tobten hier die Hochöfen, rieselte der Kohlenstaub und rauchte die Sinteranlage. Das Jubiläum wird im April 2023 mit Ausstellungen und Festivals gefeiert. Feier mit! Aktuelle Informationen findest du auf der Website.

2 Hochofengruppe

Wenn man doch nur … wie ein Vogel … und von oben … Bitteschön! Trab rüber zur Hochofengruppe der Völklinger Hütte und klettere auf die Gichtbühne. Der Blick könnte noch etwas mehr …? Auf geht's, auf die Aussichtsplattform in 45 m Höhe. Jetzt ist die Aussicht aber tatsächlich atemberaubend, oder?

3 Radeln rund ums Welterbe

Auf vielen längeren Radtouren entlang der Saar ist die Völklinger Hütte ein ideales Etappenziel. Außerdem bietet sie sich als Start- und Zielpunkt für kleinere Rundtouren an. E-Biker finden am Hüttengelände abschließbare Boxen mit Ladestation.

to see

4 Paradies

Die Natur holt sich das Gelände zurück: Wo heute ein wilder Garten zwischen Rohren und Stahltreppen wächst, war früher die Kokerei. Verschlungene Pfade führen dich durch eine Naturidylle ohnegleichen. **INSIDERTIPP** Toll ist die Begegnung mit der 10 m hohen King-Kong-Skulptur.

5 Gebläsehalle

Der Anblick der riesigen Schwungräder, die früher Druckluft in die Hochöfen pumpten, sorgt für große Augen. Genau wie die Ausstellungen, die in der fast vollständig erhaltenen Halle gezeigt werden. Sie ist der perfekte Ort für eine Zeitreise – sogar nach Öl riecht es hier wie früher.

6 SaarART 2023

Nach sechsjähriger Pause gibt es zwischen Mai und September 2023 im Saarland wieder eine Landeskunstausstellung. Gezeigt werden erstmals auch Werke französischer und luxemburgischer Künstler. Einer der Ausstellungsorte ist die Völklinger Hütte.

•••• VÖLKLINGER HÜTTE ••••••••••••••

Bundesland: Saarland
Anreise: Die Völklinger Hütte liegt nur fünf Minuten vom Bahnhof Völklingen entfernt. Autofahrer kommen über die A8 oder A620.
Besichtigung: Auf gut beschilderten Wegen geht es zu Fuß durch die Anlage, eine Führung ist empfehlenswert.
Gut zu wissen: Dienstag ab 16 Uhr Eintritt frei
Mehr Infos: www.voelklinger-huette.org

		€€€
JAN	JUL	
FEB	AUG	
MÄR	SEP	€€
APR	OKT	
MAI	NOV	
JUN	DEZ	€

BESTE REISEZEIT **BUDGET SKALA**

Ein Paradies – auch für Bienen. Am ehemals heißesten Ort der Völklinger Hütte, der Kokerei, wuchert heute ein üppig blühender, wilder Garten.

Sie gehört zu den wohl schönsten Stadtansichten Deutschlands: die Skyline von Dresden mit der Bruehlschen Terrasse und der Frauenkirche.

9

DRESDEN ELBLAND

Die Kulturmetropole Dresden zählt zu den beliebtesten Reisezielen Deutschlands. Damit auch die (Wein-)Region Elbland davon profitiert, soll der öffentliche Nahverkehr besser vernetzt werden.

Nein, natürlich ist Dresden kein Geheimtipp. Regelmäßig landet die sächsische Landeshauptstadt in Umfragen zu beliebten deutschen Reisezielen auf den vorderen Plätzen, 2022 etwa bei der bekannten Internet-Buchungsplattform urlaubsguru.de. Dresden steht hier exemplarisch für all die Städte in Deutschland, die 2023 durchstarten wollen. Einerseits. Andererseits haben sich die Tourismusfachleute aus Dresden und dem Umland auch einen Plan ausgedacht: Die sächsische Kulturmetropole soll mit der Weinregion Elbland bis 2025

optimal vernetzt werden. Seit 2022 gehört die Stadt außerdem zu den europaweit „100 climate-neutral and smart cities", die mithilfe der EU klimaneutral und digital werden sollen. Das Tourismuskonzept von Stadt und Umland ist folglich vor allem eins: nachhaltig, besonders beim Thema Mobilität. Bahnen, Busse, die Schiffe der „Weißen Flotte" und neue Angebote wie der in den ÖPNV integrierte On-Demand-Verkehr mit dem MOBIshuttle sorgen für Vernetzung. Dein Auto? Kannst du stehen lassen – und so auch die Weinregion Elbland erleben.

to do

1 Nachtskaten
Immer freitags auf schmalen Rollen durch die Stadt: INSIDER TIPP Wenn du deine Inliner einpackst, kannst du Dresden mit 3000 Skatern auf ganz andere Weise erleben. Klar, dass auch ein Musikmobil auf der Tour dabei ist.

2 Elbradweg
Wer ist der Schönste im ganzen Land? Schwer zu sagen, aber der Elbradweg hat auf jeden Fall Chancen, als Auserwählter unter Deutschlands Radwegen zu gelten. Einzigartige Kultur und sensationelle Natur sind ständige Begleiter am Elbufer. Unbedingt die Besenwirtschaften und deren Wein und Käse ausprobieren!

3 TimeRide
So eine Fahrt in einer goldenen Kutsche ist auch ganz schön nachhaltig. Zumal, wenn sie nur virtuell ist: Mit Virtual- und Augmented-Reality fliegst du mal eben 300 Jahre durch die Zeit zurück. Aha, so feierte also Dresden im Jahr 1719 – das barockt aber ordentlich!

to see

4 Gläserne Manufaktur
Lust, mal selbst ein E-Auto auszuprobieren? Läuft! Nach Voranmeldung in der VW-Autofabrik, in der der e-Golf hergestellt wird, kannst du eine Probefahrt machen. Oder in der Erlebniswelt all die spannenden Zukunftsvisionen der Autobauer kennenlernen

5 Schloss Moritzburg
Du bist „Drei Haselnüsse für Aschenbrödel"-Fan? Dann musst du einen Ausflug zum Märchenschloss machen, schließlich wurden Teile des Weihnachtsklassikers hier gedreht. Im November und Dezember gibt's alljährlich eine Ausstellung zum Film.

6 Porzellanmanufaktur
Die älteste Porzellanmanufaktur Europas in Meißen mit Schauwerkstatt, Museum, Veranstaltungen und natürlich Shopping lässt selbst Porzellan-Muffel staunen. Echt abgefahren ist zum Beispiel die dreieinhalb Meter hohe Tischdeko in Form eines Triumphbogens.

• • • **DRESDEN ELBLAND** ›• •

Bundesland: Sachsen
Einwohner: 560 000
Anreise: Per Auto über die A4 und A13, eine ICE-Direktverbindung gibt's von Frankfurt/M.
Vor Ort unterwegs: Mit den Dampfern der Sächsischen Dampfschifffahrt kannst du einen Ausflug in die Sächsische Schweiz machen.
Mehr Infos: www.dresden.de und www.dresden-elbland.de

€€€

JAN	JUL
FEB	AUG
MÄR	SEP
APR	OKT
MAI	NOV
JUN	DEZ

€€

€

BESTE REISEZEIT   **BUDGET SKALA**

Zurückgelehntes Sightseeing mit Seefahrtsflair: Mit den Schiffen von Dresdens „Weißer Flotte" geht es auf der Elbe ins schöne Umland.

Schon einmal gehörte der Luisenpark zum Gelände einer Bundesgartenschau. Vom Fernmeldeturm hast du einen fantastischen Blick auf eine der schönsten Parkanlagen Deutschlands.

Buchstaben und Nummern statt Straßen-namen, das zweitgrößte Barockschloss Europas und ganz viel Neues wegen der Bundesgartenschau: 2023 ist das Jahr, in dem man Mannheim besuchen sollte.

MANNHEIM

10

Bundesgartenschau … gähn! Das klingt nach Reisebussen und Old-school-Blumen-an-starren. Klar, irgendwie ist es das auch. Aber irgendwie ist es auch viel mehr! Also, Zeitreise: 1975, vor fast 50 Jahren, fand in Mannheim schon mal eine, wie der Kenner sagt, Buga statt. Danach hatte die zweit-größte Stadt Baden-Württembergs nach Stuttgart zwei große Parks, einen Fernmeldeturm samt Dreh-restaurant, einen riesigen Weiher, eine Seebühne und so einiges mehr. Bugas triggern die Städtebauaktivi-tät – und das passiert auch bei der Gartenschau, die 2023 in der kurpfäl-zischen Stadt mit dem quadratisch angelegten Kern stattfindet. Spek-takulär ist die Seilbahn zwischen dem Spinelli-Park, der ganz neues Grün in die Stadt bringt, und dem mit „Unterwasserwelt" und „Süd-amerika-Haus" gepimpten Luisen-park. Klar, Blumengucken wird es auch geben, aber gerade 2023 lohnt ein Trip nach „Monnem", das es sonst ja eher selten auf die Reise-Bucket-List schafft. Weil sich viel tut – und die Aufbruchstimmung einfach Spaß macht.

Bugas triggern die Städtebau-aktivität

to do

1 Aussichten? Prima!
Natürlich das Buga-Gelände besuchen und einmal mit der Seilbahn von Park zu Park über die Neckarauen gondeln. Der neue, frei stehende Panoramasteg bietet einen tollen Blick über die Gartenschauflächen und die Stadt.

2 Stadtleben mit Käsekuchen
Schlender am Stephanienufer entlang, schau den Schiffen auf dem Rhein hinterher und staune über die prächtigen Villen im Schwarzwaldviertel. Das Leben hier ist jung und bunt und der Heidelbeer-Bananen-Cheesecake im Café Meerwiesen ein Gedicht.

3 Drinks über der Stadt
Nachdem du den ganzen Tag durch die Quadrate in der City gestreift bist und dich von K7 bis L12 gehangelt hast, hast du das Prinzip der Planstadt aus dem 17. Jh. verstanden. Zeit, von oben draufzuschauen, bei einem Raspberry-Club in der Roofbar im Radisson Blue Hotel. Ach ja, Q7, 27, comprendes?

to see

4 Schloss Mannheim
Geh zur Uni! Die befindet sich nämlich im Mannheimer Schloss, dem zweitgrößten Barockschloss Europas. **INSIDER TIPP** Auf Führungen kannst du dich von der Pracht im Rittersaal oder im Kaiserlichen Quartier verzaubern lassen. Vielleicht sogar abends, inklusive einem Gläschen Sekt?

5 Wasserturm
Einmal durchschnaufen, bitte! In den Jugendstilgärten rund um den Wasserturm, Mannheims Wahrzeichen, vergisst du den City-Trubel. Da reicht schon ein Plätzchen unter der Pergola, aber Cafés gibt's natürlich auch. Richtig romantisch wird es bei den abendlichen Leucht-Wasserspielen.

6 Fernmeldeturm
Die Stadt macht sich abendfein und dreht sich unter dir hinweg. Nee, andersrum, das Restaurant im Fernmeldeturm rotiert natürlich gaaanz laaangsam, während du in 125 m Höhe eine „Pasta Skyline" verputzt. Hallo Odenwald, ganz da hinten!

• • • • • **MANNHEIM** •

Bundesland: Baden-Württemberg
Einwohner: 325 000
Anreise: Am Mannheimer Hauptbahnhof halten alle ICE-Schnellzüge. Autofahrer nehmen die A6, A65 oder A67.
Vor Ort unterwegs: Das Quadraticket ist ideal für die Innenstadt. Straßenbahnlinie 7 und Bus Nr. 50 fahren zum Spinelli-Park.
Mehr Infos: www.visit-mannheim.de

		€€€
JAN	JUL	
FEB	AUG	
MÄR	SEP	€€
APR	OKT	
MAI	NOV	
JUN	DEZ	€

BESTE REISEZEIT   **BUDGET SKALA**

Gerade 2023 lohnt ein Trip nach „Monnem"

Verschnaufen zwischen Springbrunnen und blühenden Blumen: Der Wasserturm gehört zu den bekanntesten Wahrzeichen der Quadratestadt.

15
X
EUROPA

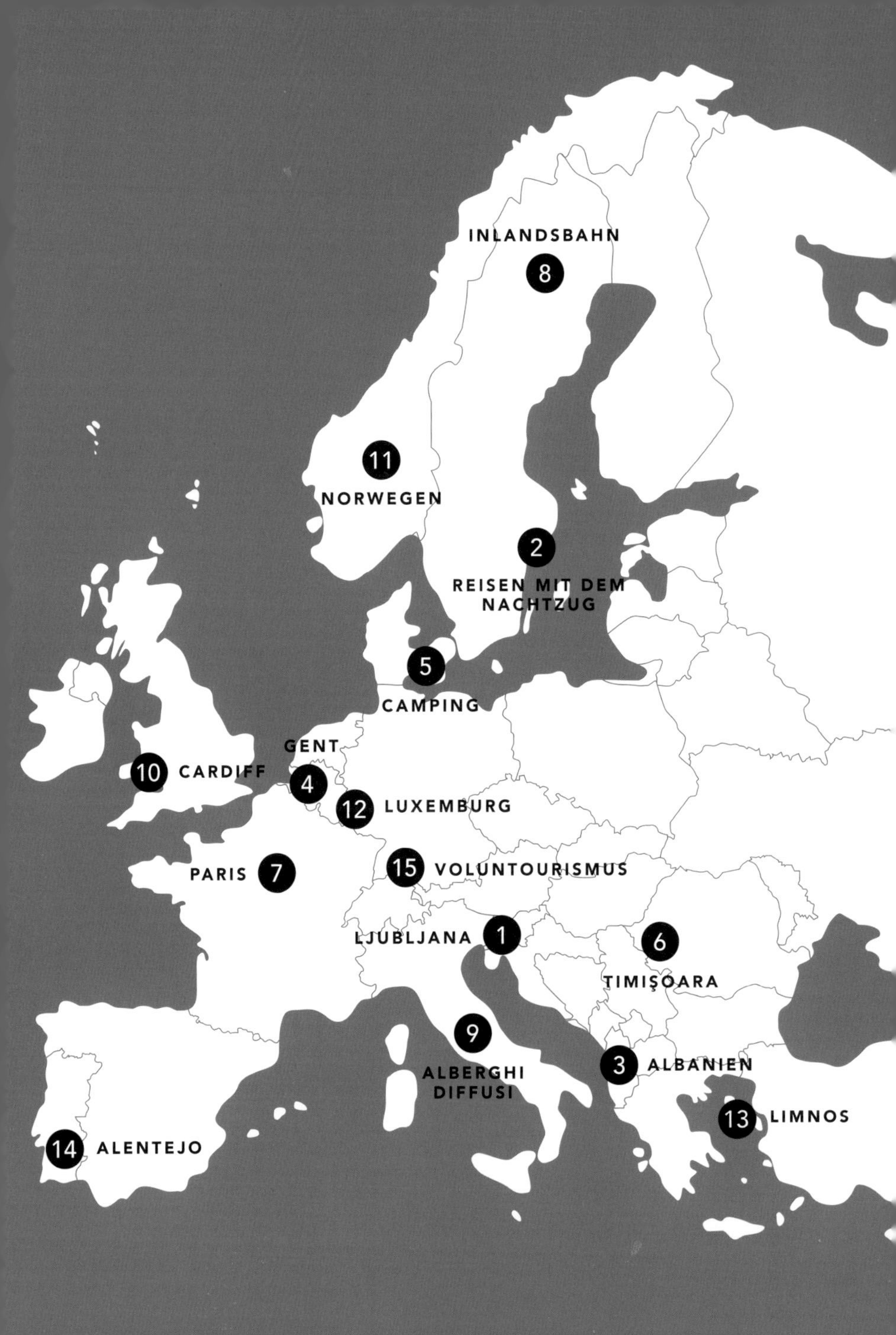

INLANDSBAHN
8

NORWEGEN
11

REISEN MIT DEM
NACHTZUG
2

CAMPING
5

GENT
CARDIFF
10
4
12
LUXEMBURG

PARIS
7
15
VOLUNTOURISMUS

LJUBLJANA
1
6
TIMIŞOARA

9
ALBERGHI
DIFFUSI
3
ALBANIEN
13
LIMNOS

ALENTEJO
14

Ganz viel Grün, nette Menschen und keine Autos: Ljubljanas Innenstadt hat sich fein gemacht und überzeugt mit nachhaltigem Ansatz.

Geht's auch nachhaltig? Ja, in Sloweniens Hauptstadt schon. Das fein herausgeputzte Ljubljana macht vor, was in Sachen zukunftsorientierter Stadtentwicklung möglich ist. Das Ergebnis ist Lebensqualität pur.

LJUBLJANA

1

Ljubljana, „die Geliebte", hat den Dreh raus. Die grüne Hauptstadt des grünen Sloweniens – das Land betreibt mit dem Siegel „Slovenia Green" eine im Wortsinn ausgezeichnete Umweltpolitik – hat dem lärmenden und Abgase produzierenden Autoverkehr längst das Stoppschild gezeigt. In der kleinen, feinen Altstadt, die sich vor allem an den Ufern des Flusses Ljubljanica von ihrer Schokoladenseite zeigt, wird ganz entspannt geradelt oder geschlendert. Wer sich lieber fahren lässt, steigt in den Touristen-Minizug Urban oder in die kostenlosen Elektrofahrzeuge Kavalir. Überall laden Parks und grüne Ecken zum Relaxen ein, auf dem Marktplatz gibt es einen Ökomarkt, und der Fluss ist der Kajak- und SUP-Board-Schleich-

weg durch die Stadtnatur. Weil die Restaurants Außergewöhnliches aus regionalen, nachhaltig erzeugten Produkten kreieren, wurde von Michelin 2020 erstmals ein Gastroführer für Slowenien aufgelegt. In puncto Nachhaltigkeit und Lebensqualität könnten andere Städte bei einem Blick auf die slowenische „Geliebte" grün werden – vor Neid.

Ganz entspannt radeln oder schlendern

to do

1 Food-Hunting

Der Zentralmarkt mit seinem bunten Angebot aus der Region ist nicht nur wegen der Kulisse ein Platz mit Star-Charakter. **INSIDER TIPP** Im Sommer gibt es freitags die „Offene Küche" – Pop-up-Buden lokaler Restaurants, die einem mit Streetfood aus aller Welt den Mund wässrig machen.

2 Sightseeing per Kanu

Stadtansichten der Extraklasse genießt, wer ein Paddel in die Hand nimmt. Mit dem Kanu oder dem SUP fährst du auf der Ljubljanica unter den berühmten drei Brücken hindurch. Wusstest du, dass der Fluss zum EU-weiten Schutzgebietsnetzwerk Natura 2000 gehört?

3 Schnurrbarttour

Es waren einmal drei Schnurrbartträger: Jože Plečnik, Ivan Cankar und Rihard Jakopič. Die Schnurrbarttour ist eine geführte Radtour, bei der du auf den Spuren eines Architekten, eines Schriftstellers und eines Malers die Geheimnisse der Stadt entdeckst. Auf den Sattel, fertig, los!

to see

4 Drachenbrücke

Der Legende nach wurde Ljubljana gegründet, nachdem Jason nahe der Quelle der Ljubljanica einen Drachen getötet hatte. Der grüne Drache ist seit dem Mittelalter das Symbol der Hauptstadt. Mit ihren wilden Wächtern gibt die Drachenbrücke den perfekten Selfie-Hintergrund ab.

5 Burg

Die paar Schritte zur Burg hinauf lohnen sich! Der Panoramablick ist garantiert insta-tauglich, die Ausstellungen erzählen Spannendes aus der Vergangenheit, die Vinothek der Burg bietet lokale Spitzenweine, und das Strelec-Restaurant wurde mit einem Michelin-Teller ausgezeichnet.

6 Metelkova

Einst Hauptquartier der jugoslawischen Armee, heute ein kunterbuntes, besetztes Viertel, dessen Gebäude von einheimischen Künstlern gestaltet sind. In Metelkova wird gefeiert! Von Donnerstag bis Samstag trifft sich hier abends, wer Lust auf Leute und quirliges Leben hat.

•••• **LJUBLJANA** ›•••••••••••••••••••••••

Land: Slowenien
Sprache: Slowenisch
Einwohner: 294 000
Anreise: Tägliche Zugverbindung ab Frankfurt über Stuttgart und München nach Ljubljana. Mit Auto über Salzburg und Villach (Maut!)
Vor Ort unterwegs: Fahrradverleihsysteme BicikeLJ und Ljubljana Bike, E-Shuttle Kavalir
Mehr Infos: www.visitljubljana.com

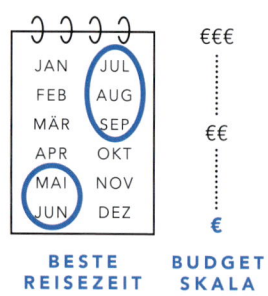

		€€€
JAN	JUL	
FEB	AUG	
MÄR	SEP	€€
APR	OKT	
MAI	NOV	
JUN	DEZ	€

BESTE REISEZEIT **BUDGET SKALA**

Sightseeing mit dem SUP – warum nicht? Die Kunst ist nur, nicht ins Wasser der Ljubljanica zu fallen. Aber auch das wäre nicht schlimm, schließlich ist der Fluss sauber.

So viel Feines zu essen – und gar keinen Hunger? Das wäre natürlich eine kleine Katastrophe auf dem Pop-up-Streetfood-Markt „Offene Küche".

2

TREND: REISEN MIT DEM NACHTZUG

Der Knaller – abends in den Zug und dann
im Schlaf nach Rom, Prag oder Stockholm.
Totgesagte leben länger: Nachtzüge sind
ein Super-Trend, nachdem sie lange von der
Bildfläche verschwunden waren.

Ab in den Süden mit dem Intercité de nuit ab Paris. Und vielleicht fährt bald auch ein Nachtzug ab Berlin in die französische Hauptstadt …

N a gut, ganz so prunkvoll wie im legendären Orient-Express ist das Ambiente in den modernen europäischen Nachtzügen nicht. Je nach Anspruch und Geldbeutel hast du für die Nacht auf den Schienen meist die Wahl zwischen einem einfachen Sitzplatz, einem Liegeabteil mit übereinander installierten Klappliegen und komfortablen privaten Schlafkabinen. Die Renaissance der Nachtzüge ist in vollem Gange und das Schlafen auf Schienen total en vogue. 2023 kommen mehrere neue Top-Strecken auf die europäischen Fahrpläne und

neue, modernisierte Nachtzüge auf die Schienen. Kein Wunder, denn das Reisen mit dem Nachtexpress ist nicht nur superentspannt, sondern vor allem: klimafreundlich. Die Nase vorn im nächtlichen Schienenverkehr haben übrigens die Österreicher. Der Nightjet der ÖBB fährt neben deutschen Städten wie Hamburg, Berlin und Köln viele europäische Metropolen wie etwa Zürich, Basel, Brüssel, Amsterdam, Florenz, Rom und Mailand an. Und das mit Duschen in allen Waggons, Frühstück und warmen Leckereien à la carte für die Schlafwagen-Passagiere.

top night rides

1 Berlin-Night-Express

Das schwedische Eisenbahnunternehmen Snälltåget macht's möglich: Über Nacht von Berlin nach Stockholm in 17 Stunden. Der Nachtzug über Hamburg, Kopenhagen und Malmö verkehrt durchgehend mit grünem Strom. Für relativ kleine Preise gibt es Sitzplätze, gemütlicher wird es im Liegeabteil.

2 Nightjet nach Italien

Alle Wege führen nach Rom. Vielleicht nicht alle, aber diese Strecke, auf der die ÖBB ihren Nightjet ab München oder Wien durch die Dunkelheit jagt, endet garantiert in der Ewigen Stadt, direkt im Zentrum, morgens um neun. Da wartet schon der italienische *caffè* mit *cornetto*.

3 Alpen-Sylt-Nachtexpress

In den Nachtzug nach Sylt kannst du in vielen Städten einsteigen. Die Südwestroute führt von Basel über Freiburg, Karlsruhe, Mannheim und Frankfurt gen Norden, die andere Route verläuft von Salzburg über München, Augsburg und Nürnberg.

4 Nachtzug auf Französisch

Auch die Franzosen beleben den Nachtzug wieder, bis 2030 sind zehn innerfranzösische Strecken geplant. Ab 2023 sollen Reisende auch wieder im Schlaf von Berlin nach Paris rollen können. Die Intercités de nuit haben Liegesitze, Kojen in Sechser-Liegewagen und Erste-Klasse-Betten.

5 Der rollende Holländer

Ein Neuling in der Branche ist der niederländische Anbieter Green Citytrip. Ab Köln geht's schlummernd nach Italien oder Österreich. Wer sein rollendes Nachtquartier in Bad Bentheim bezieht, wacht in Kopenhagen, Malmö oder Göteborg auf, Züge ab Dortmund steuern Prag an.

6 Euronight gen Osten

Beim Euronight stecken die Österreicher mit mittel- und osteuropäischen Bahngesellschaften unter einer Decke. Du kannst Schlafwagen nach Budapest, Rijeka oder Zagreb buchen, teils im Autoreisezug. Gib dem Schaffner deinen Perso, dann darfst du bei Grenzkontrollen weiterschlummern.

• • • **REISEN MIT DEM NACHTZUG** • • • • • • • • • • • • • • • • • • •

Definition: Ein Nachtzug muss Liege- oder Schlafwagen mitführen. Schlafwagen sind mit Betten ausgestattet und am komfortabelsten, Liegewagen haben Sitze, die in Liegen umgewandelt werden können. Frühstück ist optional.
Tipps: Abteil abschließen, Ohrstöpsel mitnehmen, Nachtzeug oben im Koffer verstauen
Gut zu wissen: Die meisten Verbindungen gibt es zwischen Mai und September.

€€€

JAN	JUL
FEB	AUG
MÄR	SEP
APR	OKT
MAI	NOV
JUN	DEZ

€€

€

BESTE REISEZEIT   **BUDGET SKALA**

Da wartet schon der italienische caffè auf dich

Ausgeschlafen vom Bahnhof in Rom geradewegs zum Frühstück auf der Piazza Navona – der Nachtzug von München oder Wien macht's möglich.

Echt wild: Die Verfluchten Berge ganz im Norden sind ein Hiking- und Outdoortraum. Nur die Straßen sind teils immer noch schlecht.

Schroffe Gebirgslandschaften, einsame Buchten, freundliche Menschen und leckeres Essen: Das wilde Albanien avanciert derzeit vom Geheimtipp zum Sehnsuchtsziel – hier kannst du noch Abenteuer erleben!

ALBANIEN

3

Albanien ist in Sachen Tourismus ein bisschen spät dran. Schuld sind die Jahrzehnte kommunistischer Isolation und die zähe Zeit der Transformation. „Letztes Geheimnis Europas" wurde die junge Demokratie gern genannt. Aber damit ist jetzt Schluss: Denn es spricht sich herum, wie viel das Land in Sachen Natur und Kultur zu bieten hat. Das beginnt im Norden, wo sich die Verfluchten Berge auf fast 3000 m aufschwingen und Streudörfer wie Thethi oder Valbona zu Besuchermagneten werden. So ursprünglich und wild wie im Bergland geht es an der Küste nicht zu – ein Glück, denn so steht an den Stränden von Velipoja, Shengjin oder Vlora den Badefreuden nichts im Wege: An günstigen Herbergen mangelt es längst nicht mehr. Die Hauptstadt Tirana ist die einzige echte Großstadt des Landes, aber warum Zeit mit dem dortigen Treiben und Nachtleben verschwenden, wenn osmanische Perlen wie Kruja, Berat und Gjirokastra warten? Derzeit macht sich Albaniens Agrotourismus in Windeseile einen Namen, und das hat Gründe: Nirgendwo am Mittelmeer wird noch so viel selbst produziert und nirgends so gern mit den Gästen geteilt. Gut, dass das Kind einen Namen bekommen hat und von der Regierung gefördert wird! Kurz: Wildromantische Natur, freundliche Gastgeber und famoses Essen – Albanien hat alles. Wie ursprünglich sich das Land im Gegensatz zu anderen Mittelmeerzielen immer noch zeigt, lässt sich auch 2023 gut erfahren.

to do

1 Kleine Bergwanderung

Du bist nicht so die Bergziege? Kein Problem, der Ziegensteig, eine spektakuläre Passwanderung zwischen den Dörfern Thethi und Valbona ist auch für weniger Erfahrene gut machbar. Lass das Hauptgepäck einfach in Shkodra und fahr mit der Fähre über den imposanten Koman-Stausee zurück.

2 Langsam mal was essen

Das Mrizi i Zanave bei Lezha macht dem ganzen Land vor, wie Slow Food funktioniert – so erfolgreich, dass du besser mal reservierst! Die fruchtbare Zadrima-Ebene liefert die Zutaten. Probier unbedingt die Käseauswahl! Übernachten geht auch und fällt ziemlich stylish aus.

3 Feiern am Strand

Füße im Sand und einen Drink in der Hand: Tiranas Clubkultur findest du sommers am Strand von Jalë ganz im Süden. **INSIDERTIPP** Zwischen Juni und September steigen gleich mehrere Festivals an den nahen Stränden von Dhërmi.

to see

4 Adlerhorst

Die Kleinstadt Kruja klebt am Berg, ungelogen! Hier befindet sich mit der Festungsanlage das Epizentrum der albanischen Geschichte, und hier bot einst Skanderbeg den Osmanen die Stirn – was ihn zum Nationalhelden machte.

5 Unter Tage

Der Atombunker des Diktators Enver Hoxha und derjenige unterhalb des Innenministeriums erzählen vom Wahnsinn und den Verbrechen der kommunistischen Zeit. Als BunkArt 1&2 gehen die zwei interaktiven Museen in Tirana unter die Haut.

6 Osmanisches Erbe

Das charmante Gjirokastra ganz im Süden war schon zu kommunistischen Zeiten Museumsstadt und ist heute Unesco-Welterbe. Der Dichter Ismail Kadare nennt es eine „Chronik aus Stein", sein Geburtshaus ist heute ein Museum. Für einen Tagesausflug ist die Altstadt viel zu spannend – bleib lieber über Nacht und geh morgens zum Kaffee auf den Basar!

•••• **ALBANIEN** ▸••••••••••••••••••••••••••••••••

Hauptstadt: Tirana
Sprache: Albanisch
Einwohner: 2,8 Mio.
Währung: Lek
Anreise: Flug nach Tirana oder Kukës
Vor Ort unterwegs: Ein Leihwagen ist praktisch, aber mit Sammelbussen (Furgons) kommt man auch überall hin.
Mehr Infos: https://albania.al

		€€€
JAN	JUL	
FEB	AUG	
MÄR	SEP	€€
APR	OKT	
MAI	NOV	
JUN	DEZ	€

BESTE REISEZEIT　　**BUDGET SKALA**

Osmanische Perlen wie Kruja und Berat warten

Für die Albaner selbst ist Kruja mit seiner Geschichte schon lange ein Lieblingsziel. Souvenirstände entlang der Basarstraße sind daher nichts Neues.

Zu Fuß und mit dem Rad kannst du Gents verkehrsberuhigte Innenstadt mit ihren atmosphärischen Gässchen am besten erkunden.

Du hast ein Faible für unterschätzte Städte?
Da hätten wir was für dich! Flanderns
Universitätsstadt ist ihrer Zeit voraus.
Zur DNA ihrer Identität gehört vor allem:
Nachhaltigkeit.

GENT

4

Es erinnert ein wenig an das gallische Dorf von Asterix und Obelix. Die Genter leben nach ihren eigenen Regeln und lassen sich darin nicht beirren. Vegan ist hier normal, Veggie sowieso, *slow* ist hip, (die meisten) Autos bleiben draußen, Energie wird gespart, regional und lokal ist kein Trend, sondern Motto. Seit 2009 ist donnerstags *Veggiedag* in Kantinen und Restaurants, seit 2017 existiert in der Innenstadt das größte verkehrsberuhigte Gebiet Europas. Die Studentenstadt mit ihrem historischen Kern war im 16. Jh. eine der mächtigsten Städte Europas, heute steht sie ein wenig im Schatten ihrer bekannteren Nachbarinnen Brüssel und Brügge. Umweht vom Mittelalter-Flair mit Giebeldächern und Schlossgräben, gibt es Comic- und Vintage-Shops, Street-Art, Slow Fashion, abfallfreie Partys und eine fantastische vegan-vegetarische Gastrokultur. Das alles gepaart mit urbaner Atmosphäre – schließlich ist Gent nach Antwerpen die zweitgrößte Stadt Belgiens. So lässt sich schon 2023 Nachhaltigkeit bewusst leben und genießen.

Die Genter leben nach ihren eigenen Regeln

to do

1 Aufs Wasser

Die mittelalterliche Stadt kannst du auch vom Wasser aus erkunden. Die Kanäle, die sich durch Gent ziehen, eignen sich dafür hervorragend. Themen-Rundfahrten, Taxiboote und eine Hop-on-Hop-off-Wasserstraßenbahn gibt's im Angebot. **INSIDER TIPP** Wer's lieber individuell und sportlich mag, mietet sich ein Kanu.

2 Party (fast) ohne Ende

Gent im Juli? Dann hast du die Chance, eines der größten Kulturfestivals in Europa mitzuerleben. Das Gentse Feesten ist flämisches Kulturerbe und noch dazu kostenlos. Zehn Tage lang gibt es Konzerte, Straßentheater, Ausstellungen und Kinderevents – ein echter Mega-Hit.

3 Zwembad Van Eyck

Bahnen ziehen im edlen Art-déco-Ambiente, das geht im Zwembad Van Eyck. Die Einrichtung im ältesten Hallenbad Belgiens wurde in jüngerer Zeit saniert und fein herausgeputzt. Also, Badesachen einpacken und einen Sprung ins Wasser wagen.

to see

4 Tram Linie 4

Eine Menge zu sehen gibt's auf einer Fahrt mit der Tram-Linie 4. Die Bahn zuckelt durch die Außenbezirke und die historische Altstadt. Ganz entspannt kannst du so Eindrücke der Stadtviertel und ihrer Bewohner gewinnen. Los geht die Tour am Bahnhof Sint-Pieters, Richtung Moscou.

5 Graffiti-Gasse

Ständig im Wandel, sprüht die Werregarenstraatje vor Lebendigkeit und zeigt verschiedenste Facetten trendiger Street-Art. Straßenkünstler haben in der bunten Genter Gasse jederzeit freie Hand, Besucher allerhand zu entdecken. Der perfekte Ort für Instagram-Schnappschüsse!

6 Stadtmuseum STAM

Einmal ins Mittelalter und zurück in die Zukunft? Gent kann alles: Damals, Heute und auch Morgen. Überzeuge dich davon im Genter Stadtmuseum. Zwei Bauten aus dem 14. und 17. Jh. und ein Neubau bilden zusammen das STAM, das die Entwicklung der Stadt spannend präsentiert.

• • • • GENT ▸ •

Land: Belgien
Sprache: Niederländisch
Einwohner: 265 000
Anreise: Fernzüge verkehren über Brüssel und Antwerpen. Wer mit dem Auto in die City-Umweltzone fährt, muss sein Auto anmelden.
Vor Ort unterwegs: Busse und Straßenbahnen gratis mit CityCard, dazu Leihradsysteme
Mehr Infos: https://visit.gent.be

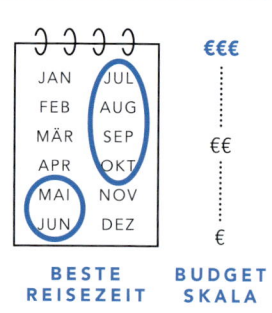

JAN	JUL
FEB	AUG
MÄR	SEP
APR	OKT
MAI	NOV
JUN	DEZ

€€€

€€

€

BESTE REISEZEIT   **BUDGET SKALA**

In wenigen Schritten quer durch die Stadt und durch die Jahrhunderte: Eine multimediale Zeitreise im Stadtmuseum macht die Historie von Gent erlebbar.

5

TREND: CAMPING

Das Campen hat sich rausgeputzt und ordentlich gestylt. Klar, knisternde Lagerfeuerromantik, naturnahe Abenteuer und das Gefühl von Freiheit gehören immer noch dazu. Aber heute geht da so viel mehr!

Mit einem Hauch von Luxussafari in Afrika: Auf immer mehr Campingplätzen gibt es Unterkünfte, die Abenteuer und Komfort perfekt verbinden.

C amper sind alle Spießer mit Dauerparzelle, einem Lattenzaun drumherum und Gartenzwergen, denen regelmäßig die Zipfelmützen poliert werden. Oder junge Naturburschen, die in feuchten Zelten schlafen und nie duschen. Echt jetzt? Schon lange nicht mehr! Von Luxus über Party oder Naturerlebnis bis zum Familiencamping ist alles drin. Camping hat in den letzten Jahren sowas von Fahrt aufgenommen, und der Trend setzt sich fort, für jeden Geschmack und Geldbeutel. Glamourös in Fünf-Sterne-Miet-Mobilheimen oder voll ausgestatteten Wohnmobilen, als nachhaltiges Sharing-Konzept, bei dem sich jeder den Traum vom Roadtrip mit Van leisten kann, oder auf Campingplätzen mit Wellness-Oasen zum Ohrenschlackern. Öko geht auch: Auf Plätzen mit Eco-Auszeichnung zeltet das gute Gewissen mit, außerdem sind bereits E-Campingvans zu haben, mit denen sich ganz spritfrei touren lässt. Für Abenteurer, die zugunsten des puren Naturerlebnisses gern auf Pommes, Pool und WLAN verzichten, gibt's immer mehr Trekkingplätze oder, wie etwa in Dänemark, einsame Naturlagerstellen.

top camping

1 Skåret shelterplads, Dänemark

Dieser Naturlagerplatz mit Hütte an der Ostküste von Ærø liegt traumhaft einsam am Strand. Er ist einer von 900 Lagerplätzen im Land, die dem Gefühl von Wild(nis)campen am nächsten kommen. www.bookenshelter.dk/fyn/shelterplads/aeroe-skaaret

2 Sandaya Camping L'Anse du Brick, Frankreich

Der freie Blick auf den Atlantik ist das Highlight dieses Platzes in der Normandie. Interessant für alle ohne eigenes Zelt: die „Lodge" genannten Leinwandresidenzen mit Terrasse und eigenem Bad. www.sandaya.de

3 Camping Geversduin, Niederlande

Einmal wie ein Hobbit hausen? In Geversduin im nordholländischen Dünennaturschutzgebiet bietet Kennemer Duincamping nicht nur Stellplätze für Bullis, Wohnmobile & Co., sondern auch Strand-, Hobbit- und Baumhäuser zum Wohnen. www.campinggeversduin.de

4 Garden Village, Slowenien

Der Bleder See mit kleiner Insel samt Kirche gehört zu Sloweniens bekanntesten Reisezielen. Weniger bekannt ist dieser Glamping-Platz mit vielen unterschiedlichen Übernachtungsplätzen. **INSIDER TIPP** Besonders schön träumt es sich in den Pier Tents am Fluss. www.gardenvillagebled.com

5 Camping Val Saline, Kroatien

Hier besteht die Gefahr, dass man die Sehenswürdigkeiten der Umgebung verpasst, weil man den Platz nicht verlassen möchte. Das Highlight: ein eigener, fast 1 km langer Kiesstrand mit glasklarem Wasser. Dazu: Top-Ausstattung. www.campvalsaline.hr

6 Camping Village Roma Capitol, Italien

Campen und Stadturlaub vertragen sich nicht? Das muss nicht so sein: Der Strand liegt hier direkt neben dem Platz, der auch Mobilheime anbietet. Und Rom ist schlappe 30 km entfernt und bequem mit dem Zug erreichbar. www.campingcapitol.com

•••• **CAMPING** ›••••••••••••••••••••••••••••

Buchen: Spontan auf dem Campingplatz mit Zelt oder Van aufschlagen? Das kann gutgehen, aber nur in der Nebensaison. Mittlerweile sollten Plätze – vor allem, wenn man ein Mobilheim mieten möchte, reserviert werden.
Ausrüstung fürs Wildniscampen: Wenn kein Naturlagerplatz mit Hütte, dann Wurfzelt, dazu: Isomatte, Schlafsack, Campingkocher und -geschirr, Sturmfeuerzeug, Müllbeutel

€€€

JAN	JUL
FEB	AUG
MÄR	SEP
APR	OKT
MAI	NOV
JUN	DEZ

€€

€

BESTE REISEZEIT **BUDGET SKALA**

Home is where the van is: Auch in Norwegen gibt es herrliche Camping-plätze mit freier Sicht auf den Fjord, das Meer und die Wellen.

Vielen Dank für die Blumen! Die Piața Victoriei, die wichtigste Flaniermeile von Timișoara präsentiert sich Besuchern bunt und fröhlich.

TIMIȘOARA

6

Eigentlich war Timişoara – das auf Deutsch Temeswar und auf Ungarisch Temesvár heißt – schon zur Europäischen Kulturhauptstadt 2021 ernannt. Doch dann kam Corona, und das Ganze wurde auf 2023 verschoben. „Zum Glück!", sagen diejenigen, die das hübsche Städtchen im Westen Rumäniens mit seinen vielen herrlichen Parks bis jetzt noch nicht auf der Reiseliste hatten. „Leider", bedauern augenzwinkernd andere, die ahnen, dass der Geheimtipp-Status von Timişoara-Temeswar-Temesvár nun der Vergangenheit angehört. Der Dreifach-Name zeigt es schon: Rumäniens drittgrößte Stadt ist multikulti, und zwar schon länger, als es diesen Begriff überhaupt gibt. Das „kleine Wien" wird das kulturelle Zentrum der Region Banat genannt, und auch „Budapest in Miniatur" wird gern mal als Referenz herangezogen. Weil Timişoara einst zur k.u.k. Monarchie gehörte, erwarten dich feinstpastellige Wiener-Barock-Fassaden und exzellenter Kaffee – samt für die Figur brandgefährlichen Konditoreiköstlichkeiten. Ein Risiko, das du 2023 getrost eingehen kannst, denn auf Stadtstreifzügen wirst du die Kalorien schnell wieder los.

Vom Geheimtipp zum Muss

to do

1 Stürz dich ins Nachtleben

Zwischen der Bega, die eigentlich ein Kanal ist und am Rand der Innenstadt verläuft, und dem Bulevardul Vasile Pârvan liegen jede Menge netter Restaurants, Pubs und Clubs – einfach mal austesten. Lieber in der Altstadt feiern? Dann auf zur Lloyd-Zeile und die Nacht zum Tag machen.

2 Was für ein Theater!

Deutschsprachiges Theater in Rumänien? **INSIDER TIPP** Das Deutsche Staatstheater Temeswar hat allen Widerständen getrotzt und gibt seit 1953 im Opernhaus klassische und moderne Stücke. Grund genug, dir Karten zu kaufen!

3 In die Wildnis abtauchen

Auch wenn Timişoara noch so schön ist, einen Ausflug in die Umgebung solltest du auf jeden Fall wagen: Der Nationalpark Retezat liegt in einer wilden Bergwelt, die in Rumänien ihresgleichen sucht. Anderthalb Stunden dauert die Fahrt in die Westkarpaten, dann kannst du den Rucksack schultern. Achtung, Bären!

to see

4 Piaţa Unirii

Rund 14 000 historische Gebäude prägen Timişoaras städtisches Antlitz. Eine ganze Reihe von ihnen säumen den Domplatz. Bestaune Kirchen, Paläste und das Kunstmuseum, am besten von einem der hervorragenden, gut besuchten Cafés rund um den kopfsteingepflasterten Platz aus.

5 Piaţa Victoriei

Schlendere durch die Fußgängerzone zwischen Oper und rumänisch-orthodoxer Kathedrale. Lass dich von Shops und Cafés ablenken, aber denk auch an die Revolution von 1989 gegen das Ceauşescu-Regime, die hier ihren Anfang nahm.

6 Muzeul national al Banatului (Banater Nationalmuseum)

Tauch ab in die Vergangenheit der Stadt und der Region. Wusstest du, dass Temeswar die erste elektrische Straßenbeleuchtung in Europa hatte? Und die älteste Brauerei Rumäniens von 1718 mit dem eher unprätentiösen Namen Bierfabrik (Fabrica de bere)?

• • • • **T I M I Ş O A R A** › •

Land: Rumänien
Sprache: Rumänisch
Einwohner: 319 000
Anreise: Tägliche Zugverbindungen von und nach Budapest (5 Std.) und Wien (8 1/2 Std.) zum Bahnhof Gara Timişoara Nord
Vor Ort unterwegs: Busse (Autobuz), Straßenbahnen (Tramvai) und Trolleybusse (Troilebuz)
Mehr Infos: romaniatourism.com/timisoara.html

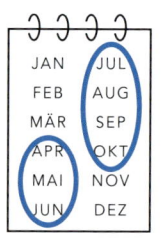

		€€€
JAN	JUL	
FEB	AUG	
MÄR	SEP	€€
APR	OKT	
MAI	NOV	
JUN	DEZ	€

BESTE REISEZEIT   **BUDGET SKALA**

Am Domplatz, der Piața Unirii, präsentiert Timișoara stolz seine Vergangenheit in Pastellfarben – die k.u.k. Monarchie lässt grüßen.

Trend Stadtschwimmen: Ein Freibad gibt's ein Stück weiter, doch auch im Parc de la Villette stürzt sich der eine oder andere beherzt ins Wasser des Canal de l'Ourcq.

2023!

Doppelt ins Ziel: Frankreich hat sich sportliche Träume erfüllt und für 2023 die Rugby-WM und für 2024 die Olympischen Sommerspiele nach Paris geholt. Und auch sonst ist reihenweise Neues zu entdecken.

PARIS

7

„Fußball ist ein Sport von Gentlemen, gespielt von Hooligans, Rugby ein Sport von Hooligans, gespielt von Gentlemen", heißt es über die Rauferei um den Ball, die in Frankreich von Jung und Alt, Frauen und Männern leidenschaftlich mitverfolgt wird. Sechs Wochen dauert die WM, wegen der Ruhephasen für die Spieler, die einiges einstecken müssen, und die anhaltende Begeisterung der Zuschauer ist ansteckend! Von Olympia profitieren Pariser wie Paris-Touristen schon, bevor die Fackel eintrifft. So kann man auf dem GR Paris 2024 die Hauptstadt einmal komplett umwandern und von einer ganz neuen Seite kennenlernen. Bis zu den Spielen soll gar das Schwimmen in der Seine wieder möglich sein und der Fluss so sauber, dass die Wettkämpfe am Fuß des Eiffelturms stattfinden können. Was für ein ehrgeiziges Projekt, *eau là là*! Bis dahin klappt es mit der kostenlosen Abkühlung schon im Kanal. Tagsüber im, abends am Wasser – vor ein paar Jahren undenkbar, jetzt romantisch hoch zehn! Denn die Bars und Bootslokale an den Seine-Promenaden und am Canal Saint-Martin sind erst so richtig coole Locations, seit Paris die Autos aus der Innenstadt verbannt hat.

Ein ehrgeiziges Projekt, eau là là!

to do

1 Platsch! Ins Nass!
Es ist August und der Asphalt glüht? Kein Problem, Erfrischung bietet das Flussbad im Bassin de la Villette (Eintritt frei). Gut, der Fluss ist ein Kanal. Aber los, pack die Badehose oder den Bikini ein …

2 Einmal rundherum
Paris macht sich fit für Olympia 2024! Und du? Der GR 2024 führt auf rund 50 km einmal um die Metropole herum, durch den Grüngürtel und vorbei an vielen Sportstätten. Wie wäre es für den Anfang mit einer Viertelrunde à 12,5 km?

3 Tango an der Seine
An lauen Sommerabenden werden die autofreien Seine-Ufer zur Feiermeile. Genieße den Apéro auf dem Boot „Rosa Bonheur" oder die Livemusik vor der „Péniche Marcounet". **INSIDERTIPP** Ganz ohne „Verzehrzwang" trifft man sich zum Tangotanzen im Jardin Tino Rossi am Quai Saint-Bernard. Irgendwer hat immer Musik mitgebracht, und den Mondschein gibt's gratis dazu.

to see

4 Collection Pinault
Gleich zum Must-see aufgestiegen: Für seine Sammlung moderner Kunst darf Unternehmer François Pinault die historische Handelsbörse mitten im Zentrum nutzen. Den denkmalgeschützten Rundbau baute der japanische Stararchitekt Tadao Ando zum modernen Ausstellungsort um.

5 Samaritaine
Hier sorgt das Ambiente für den Wow-Effekt: Für 750 Mio. Euro ließ der Luxusgüterkonzern LVMH Moët Hennessy – Louis Vuitton das lange Jahre geschlossene Kaufhaus im Art-déco- und Jugendstil tipptopp restaurieren. Das Ergebnis ist spektakulär. Wenn das mal nicht vom Shopping ablenkt!

6 Rugby World Cup 2023
Wer wird neuer Weltmeister? Wenn du dir rechtzeitig Tickets besorgst, kannst du beim Siegesjubel im Stadion live dabei sein. 2023 ist Frankreich Gastgeber der Rugby-WM, und wenn dieses Sportevent stattfindet, sind die Straßen im ganzen Land wie leer gefegt.

• • • **PARIS** •

Land: Frankreich
Sprache: Französisch
Einwohner: 2,16 Mio., im Großraum 11 Mio.
Anreise: Per ICE oder Thalys von vielen Städten in D, A und CH. Seit Kurzem verkehrt auch wieder ein Nachtzug ab Wien über München.
Vor Ort unterwegs: Preiswert und schnell mit der Métro (www.ratp.fr)
Mehr Infos: www.parisinfo.com

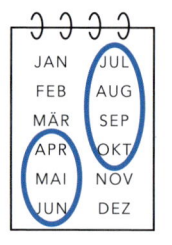

€€€

JAN	JUL
FEB	AUG
MÄR	SEP
APR	OKT
MAI	NOV
JUN	DEZ

€€

€

BESTE REISEZEIT   **BUDGET SKALA**

La Samaritaine ist zurück: Das legendäre Kaufhaus am Seine-Ufer ist eine Architektur-Ikone. Über mehrere Jahre wurde das Jugendstilgebäude aufwendig renoviert.

8

INLANDSBAHN

Die Inlandsbanan kennst du nicht? Dann setz 2023 auf Nachhaltigkeit und bummel entspannt auf der Schiene durch Schweden, mit der Option auf einzigartige Entdeckungstouren links und rechts der Strecke.

Von Kristine-hamn am Ufer des Vänersees mit seiner Schärenküste geht es immer in Richtung Norden – im Sommer auch im Schein der Mitternachtssonne.

Hip ist, wer mit der Bahn reist. Erst recht, wer sich ein Reiseabenteuer mit der Inlandsbanan vornimmt, die seit rund hundert Jahren durch Schweden zuckelt. An Bord der Kultbahn kannst du praktisch das ganze Land von Süd nach Nord auf einer Strecke von 1288 km durchqueren, nostalgisch-romantischen Eisenbahncharme inklusive. Los geht's in Kristinehamn am Vänersee, Endstation ist Gällivare ganz im hohen Norden, in Lappland. Sobald du an Bord bist, gilt: Komm runter und nimm Tempo raus. Denn der Trip durch Wald und Wildnis, vorbei an abgelegenen Orten, ist der Gegenentwurf zum modernen Zugreisen auf Hochgeschwindigkeitsstrecken. An Pausen und Haltestellen mangelt es nicht, die Bahn hält an mehreren Fotospots, wie an den Brücken über Lapplands Flüsse oder bei der Querung des Polarkreises, und natürlich zum *fika*, dem Nachmittagskaffee. Und auch wenn sich ein Rentier an der Wegstrecke zeigt, kann es sein, dass spontan gebremst wird. Trag schon mal deine Urlaubstage ein: Die schwedische Inlandsbahn verkehrt nur von Mitte Juni bis Anfang August.

to do

1 Orsa
Hier steppt nicht nur der Bär: Im Raubtierpark Orsa in der Provinz Dalarna sind auch Wölfe, Luchse, Leoparden und Vielfraße zu Hause. Auf Rampen kannst du in die weitläufigen Gehege hineinwandern. **INSIDER TIPP** Die Einkehr in der Gipfelhütte Toppstugan gehört unbedingt dazu!

2 Jokkmokk
Wenn du das Ortsschild mit den vielen „K" siehst, hast du es bis zum Polarkreis geschafft. Im Museum Ájtte wirst du denken: Alter Schwede! Es zeigt, wie die Samen seit Generationen ihr Leben mit den Rentieren unter den harten Lebensbedingungen Lapplands managten.

3 Dundret
Hoch im Norden in Gällivare angekommen, lohnt sich – am besten zur Geisterstunde – ein Abstecher auf den Aussichtsberg Dundret. Nicht wundern, deine Uhr geht richtig, Sonne um Mitternacht ist hier normal! Freu dich auf eine spektakuläre Sicht über die nordschwedische Landschaft.

to see

4 Reise in die Vergangenheit
Im Freilichtmuseum Jamtli in Östersund ist so viel los, dass es glatt als Vergnügungspark durchgeht. Historische Höfe und Häuser, darunter eine Tanke aus den 50er-Jahren, transportieren dich in den schwedischen Alltag vergangener Zeiten. Schauspieler erwecken das Ganze zum Leben.

5 Knick, knack, Knäcke
Schweden ohne Wasabröd – undenkbar. Im värmländischen Filipstad liegt eine der Produktionsstätten für das berühmte Knäckebrot, mit Museum, Fabrikverkauf und Café. Tauch ein in die hundertjährige Wasa-Geschichte, und wenn du schon mal hier bist, nimm gleich ein paar Packungen für die Weiterreise mit!

6 Die schwed'sche Eisenbahn
Im Inlandsbananmuseum in Sorsele dreht sich alles um die Geschichte der Bahn, mit der du unterwegs bist. Im alten Bahnhofsgebäude erzählt eine Ausstellung vom Bau der Trasse und von den Träumen und Enttäuschungen, die sich darum ranken.

• • • • **INLANDSBANAN** •

Land: Schweden
Wichtige Stationen: Kristinehamn – Östersund – Arvidsjaur – Gällivare
Organisation: Verschiedene Reisepakete mit im Preis enthaltenen Übernachtungen; individuelle Fahrkarten für unterschiedlich lange Zeiträume (Platzreservierung empfohlen).
Mehr Infos: https://res.inlandsbanan.se

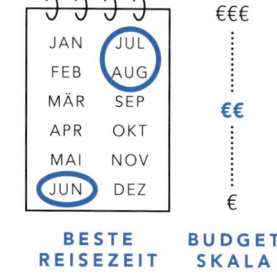

	€€€
JAN **JUL**	
FEB **AUG**	
MÄR SEP	€€
APR OKT	
MAI NOV	
JUN DEZ	€

BESTE REISEZEIT   **BUDGET SKALA**

Genug im Zug rumgesessen? Dann nichts wie raus in die lappländische Luft und eine Rentierwanderung im Muddus-National-park nahe Gällivare machen.

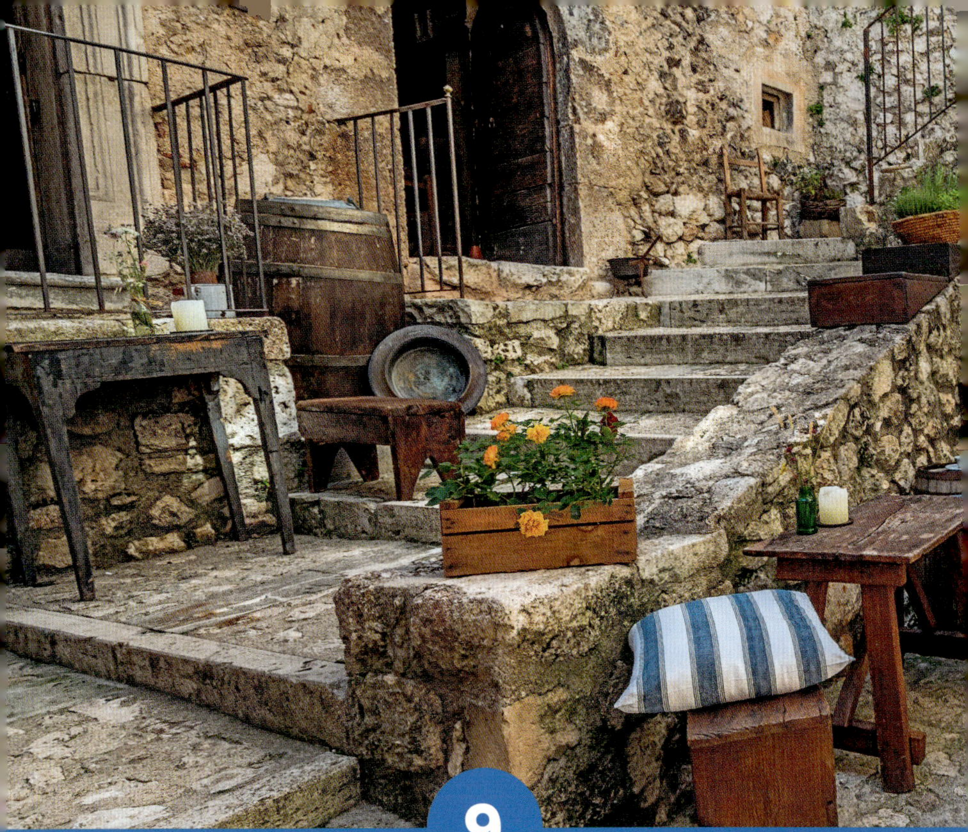

9

ALBERGHI DIFFUSI

Was wäre, wenn du nach Italien reist – und
zu Hause ankommst? Eine „verstreute
Herberge" verteilt sich im ganzen Dorf.
Wer hier übernachtet, wird schnell
zu einem Teil der Gemeinschaft.

Zurück ins Mittelalter – aber mit gestreiften Sitzkissen und dem Komfort von heute: In Santo Stefano di Sessanio erwarten dich Flair und Gastfreundschaft.

„Hase, bin mal kurz weg, fahre mit dem Bus ins Badezimmer." Spaß! Natürlich verteilen sich die einzelnen Zimmer der Wohnung nicht übers ganze Dorf. Das Hotel aber schon – denn das ist die Idee, die hinter dem Konzept der „verstreuten Herberge" in Italien steckt: Weil immer mehr Dörfer verlassen werden, ob sie nun in den Bergen liegen, an der Küste oder auf Inseln, entstand die Idee, sie durch Ferienwohnungen attraktiv für Touristen zu machen. Und damit die es besonders leicht haben, sollte das ganze Dorf mit allen Wohnungen wie ein Hotel betrieben werden. Mit einer zentralen Anlaufstelle, aber mit dem Marktplatz als Lobby und der Trattoria als Speisesaal. Ein Leben zwischen den Dorfbewohnern, als gehörte man selber dazu. Das Konzept, das strengen Zulassungsregeln unterliegt, dürfte in Zukunft an Fahrt gewinnen. Ist es doch ideal für alle Individualisten, die Hotelkomfort erleben möchten. Außerdem liegen praktisch alle der rund 250 Alberghi Diffusi in italienischen Traumgegenden. Dann kann es zumindest heißen: „Hase, ich geh ein Buch lesen … auf dem Marktplatz."

top spots

1 Die Hochgelegene
In den Alpentälern des Piemont gibt es Dutzende verlassener Orte. Vernetti, wo nur noch eine Handvoll Menschen lebte, ist diesem Schicksal entronnen: Die sieben Häuser des Albergo Ceraglio haben das Leben in die Berge des Valle Maria zurückgebracht. https://ceaglio-vallemaira.it

2 Die bietet Meer
Streng nach den Vorschriften des Konzepts der Alberghi Diffusi wurden die alten Gebäude von Belmonte in Kalabrien ökologisch saniert. Sie liegen in den alten Gassen des Dorfes, **INSIDER TIPP** manche haben Terrassen mit traumhaftem Blick aufs nahe Meer. https://ecovacanzebelmonte.it

3 Die Inselschönheit
Das spätbarocke sizilianische Städtchen Scicli im Unesco-Welterbe Val di Noto ist nicht so bekannt wie Ragusa oder Modica, aber mindestens genauso schön. Die schicken Zimmer verteilen sich auf die alten Häuser und Palazzi im historischen Zentrum. https://sciclialbergodiffuso.it

4 Die Antike
Santo Stefano di Sessanio existierte schon zu Zeiten des Römischen Reichs. Für den Albergo Diffuso Sextantio wurden die mittelalterlichen Bauten behutsam renoviert. Das Dörfchen ist die perfekte Basis für Wander- und Mountainbiketouren in den Abruzzen. www.sextantio.it

5 Die Umarmende
Al Vecchio Convento heißt der Albergo Diffuso in Portico di Romagna. Hier wirst du ganz von selbst Teil des Ortslebens, beteiligst dich an der Trüffelsuche und bist auf dem Marktplatz schneller ins Gespräch verwickelt, als du „Ich kann kein Italienisch" sagen kannst. www.vecchio convento.it/de

6 Die Zipfelmützige
Trulli, das sind die kleinen Steinrundhäuser mit den Zipfelmützendächern in Apulien. Der Albergo Diffuso Trullidea besteht aus neun dieser putzigen Häuschen – und ist ein romantischer Verführungskünstler erster Güte. www.trullidea.it

●●● **ALBERGHI DIFFUSI** ●●●●●●●●●●●●●●●●●●●●●

Konzept: Leer stehende Dorfhäuser in typischer Architektur werden in vom Verfall bedrohten Orten wieder hergerichtet. Dabei darf nichts neu gebaut werden. Gemeinschaftsräume und Hotelservices wie eine Rezeption und Verpflegung sind Pflicht für die Aufnahme ins Konzept, die Renovierung erfolgt regional, nachhaltig und ökologisch. **Mehr Infos**: www.alberghidiffusi.it

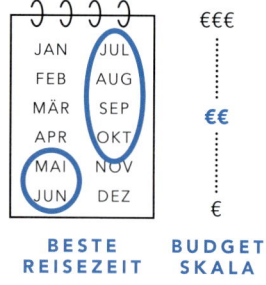

	€€€
JAN JUL	
FEB AUG	
MÄR SEP	€€
APR OKT	
MAI NOV	
JUN DEZ	€

BESTE REISEZEIT   **BUDGET SKALA**

In der Fremde zu Hause ankommen

Auf den Spuren von James Bond: Matera in der Basilikata bietet mit Le Grotte della Civita ein spektakuläres Albergo Diffuso in Höhlenwohnungen.

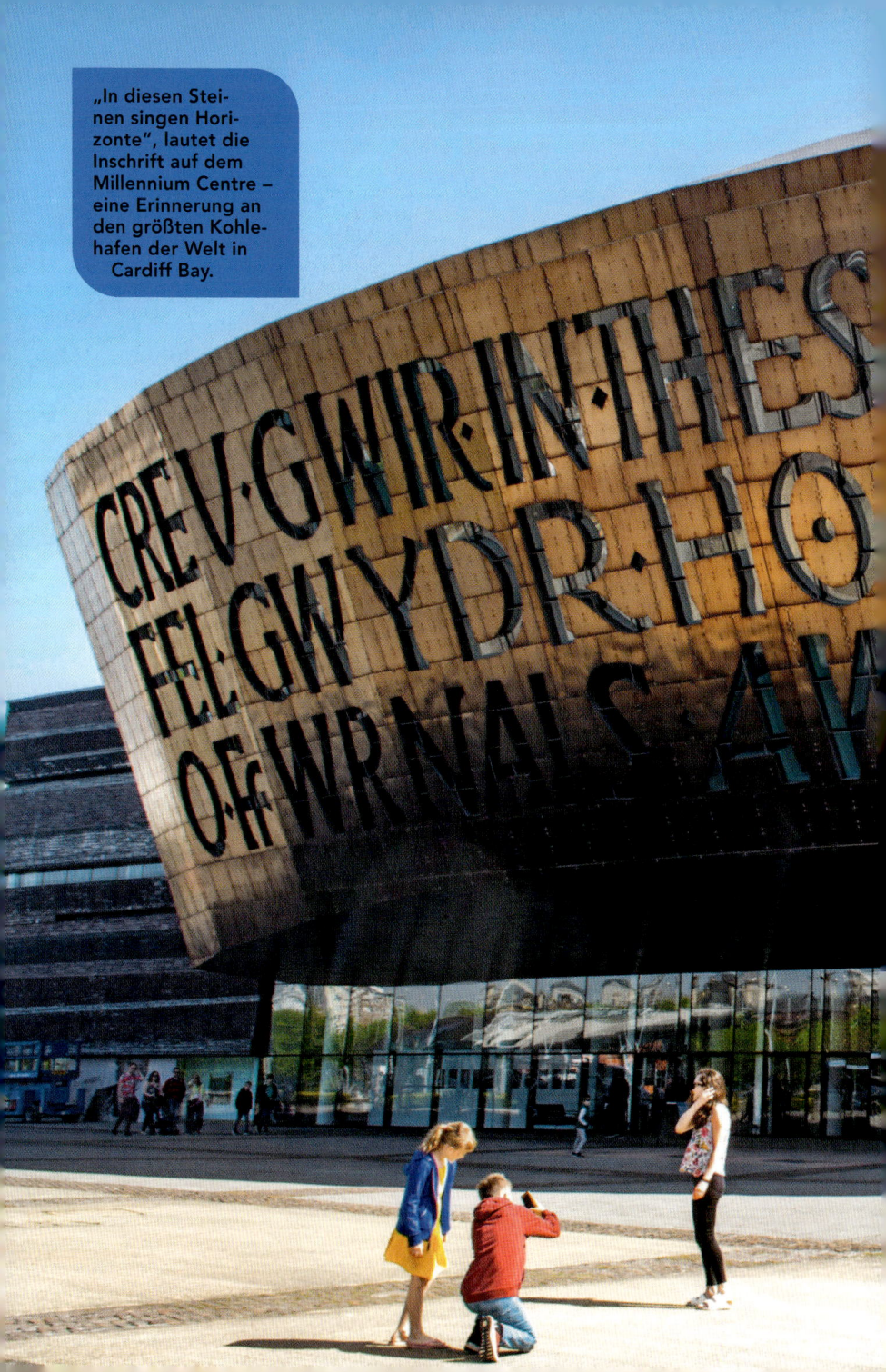

„In diesen Stei-
nen singen Hori-
zonte", lautet die
Inschrift auf dem
Millennium Centre –
eine Erinnerung an
den größten Kohle-
hafen der Welt in
Cardiff Bay.

Die jüngste Hauptstadt Europas steht meist im Schatten ihrer großen Kolleginnen. Umso mehr lohnt es sich, diesen wilden, touristisch ziemlich unentdeckten Teil Großbritanniens zu erkunden. Party in the West!

CARDIFF

10

Es hat einen sperrigen Namen, das Gesetz zum Wohlergehen künftiger Generationen. Aber es ist weltweit das erste seiner Art und zeigt, dass Wales es ernst meint mit dem Klimaschutz und der Nachhaltigkeit. Weshalb der teilautonome Landstrich weit im Westen der britischen Insel perfekt ist für einen (grünen) Trip im Reisejahr 2023. Vor allem die Hauptstadt Cardiff, die erst seit 1955 diese Funktion innehat, sollte ganz oben auf die Bucket List. In Caerdydd, wie die Waliser ihr 370 000-Einwohner-Metropölchen nennen, tanzt und rockt er, der rote Drache, der die Landesflagge ziert. Laut geht's hier durch Pubs und Clubs, lebendig und immer gut gelaunt. Szenegänger bescheinigen dem Nachtleben erste Güte, und ein echtes Erlebnis ist auch ein Besuch des Millennium Principality Stadium, wenn das walisische Rugby-Team aufläuft. Abgesehen davon: Das Stadion gilt natürlich (!) als erstes umweltfreundliches in Großbritannien. Wo früher Kohle geschaufelt wurde, ist in den letzten zehn Jahren die Waterfront der Cardiff Bay entstanden, mit dem ökologisch-korrekten Regierungsgebäude The Senedd und dem ziemlich spektakulären, ebenfalls nachhaltig gebauten Wales Millennium Centre, das voller Kunst und Kultur steckt. Für das Home by James Sommerin auf der anderen Seite der Bucht gab's 2022 sogar einen Michelin-Stern. Und wer noch ein Stück weiter wandert, landet in einem Naturschutzgebiet mitten in der Stadt. Das kleine Cardiff, ganz schön groß!

to do

1 Shoppen mit Flair
Gleich ein halbes Dutzend wunderschöne alte Ladenpassagen ziehen sich durch die City. In den viktorianischen und edwardianischen Arcades stöberst du in Boutiquen, Secondhand-Shops, Plattenläden und erholst dich in gemütlichen Cafés und Restaurants. https://thecityofarcades.com

2 Ein Tag am Strand
Lust auf klassisches britisches Jahrmarkts-Seaside-Feeling? Barry mit seiner hübschen Promenade, den Spielhallen und einem Riesenrad ist nur einen Katzensprung von der City entfernt – **INSIDER TIPP** und lockt zudem mit dem goldenen Sandstrand der Whitmore Bay.

3 Ins allerschönste Flusstal
Die offizielle Einstufung des Wye Valley als „Naturlandschaft außergewöhnlicher Schönheit" sagt schon alles. Mach dich auf in diese friedvolle Hügellandschaft mit putzigen Städtchen, uralten Burgen und traumhaften Gärten – gerade mal 50 km entfernt von Cardiff.

to see

4 Cardiff Castle
Die Kombination von finsterer normannischer und mittelalterlicher Burg und einem prächtigen neugotisch-viktorianischen Herrenhaus sucht ihresgleichen. Unbedingt besuchen – die Mauern atmen nur so die Jahrhunderte.

5 Nationalmuseum
Im Museum, das auf Walisisch Amgueddfa Genedlaethol Caerdydd heißt, tauchst du nicht nur in die Historie des Landes mit der geheimnisvollen Sprache ein. Es bietet dir auch eine Sammlung an impressionistischer Kunst, die du hier sicher nicht erwartet hättest.

6 Wales Millennium Centre
Schon auf den ersten Blick ist dieses Cardiff-Juwel spektakulär. Und auch das Theater-, Konzert-, Ballett- und Was-noch-alles-Programm des Kulturzentrums kann sich sehen lassen. Ganz abgesehen von den Cafés, Bars und Backstage-Touren im „Gürteltier" (Armadillo), wie der Bau wegen seiner Form liebevoll genannt wird.

• • • • **CARDIFF** •

Land: Wales
Sprachen: Englisch, Walisisch
Einwohner: 370 000
Währung: Pfund Sterling
Anreise: Nur zwei Stunden dauert die Fahrt mit den Zügen der South Wales Main Line von London nach Cardiff, mit dem Auto sind es über die M4 rund drei Stunden.
Mehr Infos: www.visitcardiff.com

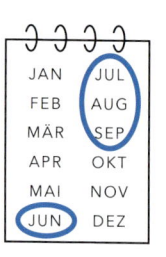

JAN	JUL	€€€
FEB	AUG	
MÄR	SEP	€€
APR	OKT	
MAI	NOV	
JUN	DEZ	€

BESTE REISEZEIT   **BUDGET SKALA**

Das walisische Parlamentsgebäude Senedd Dymru ist nicht nur ein Beispiel für nachhaltiges und ökologisches Bauen, als Zeichen der Transparenz steht es Besuchern offen.

Nicht nur das Äußere des Walzentrums The Whale ist ein ziemlicher Kracher, auch die Ausstellungen zum Leben der Wale werden mit Sicherheit begeistern.

EUROPA

11

NORWEGEN

Gleich zwei neue Pilgerziele in Oslo, das MUNCH und das neue Nationalmuseum, dazu das Walzentrum The Whale in Andenes: Außergewöhnliche Architektur lockt 2023 ins Land der Fjorde.

Was haben ein weltberühmtes Kunstwerk, Schnellladesäulen und Pottwale gemeinsam? Genau – Norwegen! Dabei drängelt sich Oslo, die Hauptstadt des Landes, dessen Volk als optimistischstes der Welt gilt, unter anderem mit dem neuen Munchmuseum in den Vordergrund. Womit wir beim angesprochenen Kunstwerk wären: Seit 2021 kann man in elf großen Sälen des spektakulären, wenn auch nicht ganz unumstrittenen Baus Munch-Kunstwerke wie den „Schrei" in aller Ausführlichkeit studieren. Und das ist noch nicht alles, auch das im Juni 2022 eröffnete, riesige Kunst-Mekka des neuen Nationalmuseums begeistert, ebenso wie die Bibliothek Deichman von 2020. Aber nicht nur in Oslo kannst du dich von Architektur überwältigen lassen: Das Walzentrum The Whale in Andenes auf der Vesterålen-Insel Andøya eröffnet 2023 – und allein dass der Bau aussieht wie eine riesige Walfluke, sorgt für Herzklopfen. Wie wir jetzt den Dreh zur Ladesäule kriegen? Um Norwegens Fjorde kurven praktisch nur noch E-Autos. Ein Öko-Grund mehr für eine Reise in die fantastische Welt des hohen Nordens …

to do

1 Kopfsprung in die Kälte
Traust du dich? Der Sprung von den Holzplanken im Sørenga Sjøbad nahe der Oper ins eiskalte Fjordwasser ist nicht ohne. Die Osloer baden hier übrigens auch im Winter. Im Vestkantbadet gibt's dagegen 30 Grad warme Becken.

2 Fjordfeiern
Die Nacht zum Tage machst du in Aker Brygge … ach, stimmt ja, im Sommer wird's gar nicht dunkel. Egal, der Blick von den Restaurantterrassen auf den Fjord haut dich um. Und auch das Essen kann sich schmecken lassen.

3 Du hast den Wal!
Das Verhältnis der Norweger zu den Walen, die ihre Gewässer durchkreuzen, ist zumindest ambivalent. Zwergwale werden gejagt, Orcas und Pottwale auf Walsafaris beobachtet. Die Schiffe fahren von Andenes aus, wo du dir vorher im Walzentrum das nötige Wissen aneignest. Durch die Fensterfront des neuen Walzentrums The Whale hast du freien Blick aufs Meer. www.whalesafari.no

to see

4 Operahuset
Als ob eine Eisscholle auf dem Fjord treiben würde, so wirkt Oslos Opernhaus und reiht sich in den Reigen grandioser Gebäude in der Hauptstadt ein. Steig der Oper aufs Dach und genieß den überwältigenden Blick über die Stadt.

5 Holmenkollen
Norwegen und Skifahren, das ist eine uralte Liebesbeziehung – wie du im Skimuseum erfährst. Auf der Skisprunganlage kannst du nicht nur mutige Frauen und Männer beim Sommertraining beobachten, sondern auch ==INSIDER TIPP an der Zipline einen schwindelerregenden Sprung mit den Brettern nacherleben.==

6 Andenes
Eigentlich lebt die ganze Stadt vom Waltourismus. Aber ihre weißen Strände und roten Häuschen kontrastieren aufs Allerfeinste mit den dunklen Felsen im Hinter- und der tiefblauen See im Vordergrund. Der Blick vom Leuchtturm auf die Küstenszenerie ist einzigartig.

● ● ● **N O R W E G E N** ● ● ● ● ● ● ● ● ● ● ● ● ● ● ● ● ● ●

Land: Norwegen
Sprache: Norwegisch
Einwohner: 5,4 Mio.; Oslo: 700 000
Währung: Norwegische Krone
Anreise: Regelmäßige Zugverbindungen von Kopenhagen, Stockholm und Göteborg. Wer mit Auto oder Camper anreist, nimmt am besten die Fähre von Kiel nach Oslo.
Mehr Infos: www.visitoslo.com

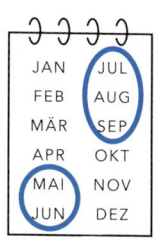

		€€€
JAN	JUL	
FEB	AUG	
MÄR	SEP	€€
APR	OKT	
MAI	NOV	
JUN	DEZ	€

BESTE REISEZEIT   **BUDGET SKALA**

Meer und Munch – Norwegen berauscht

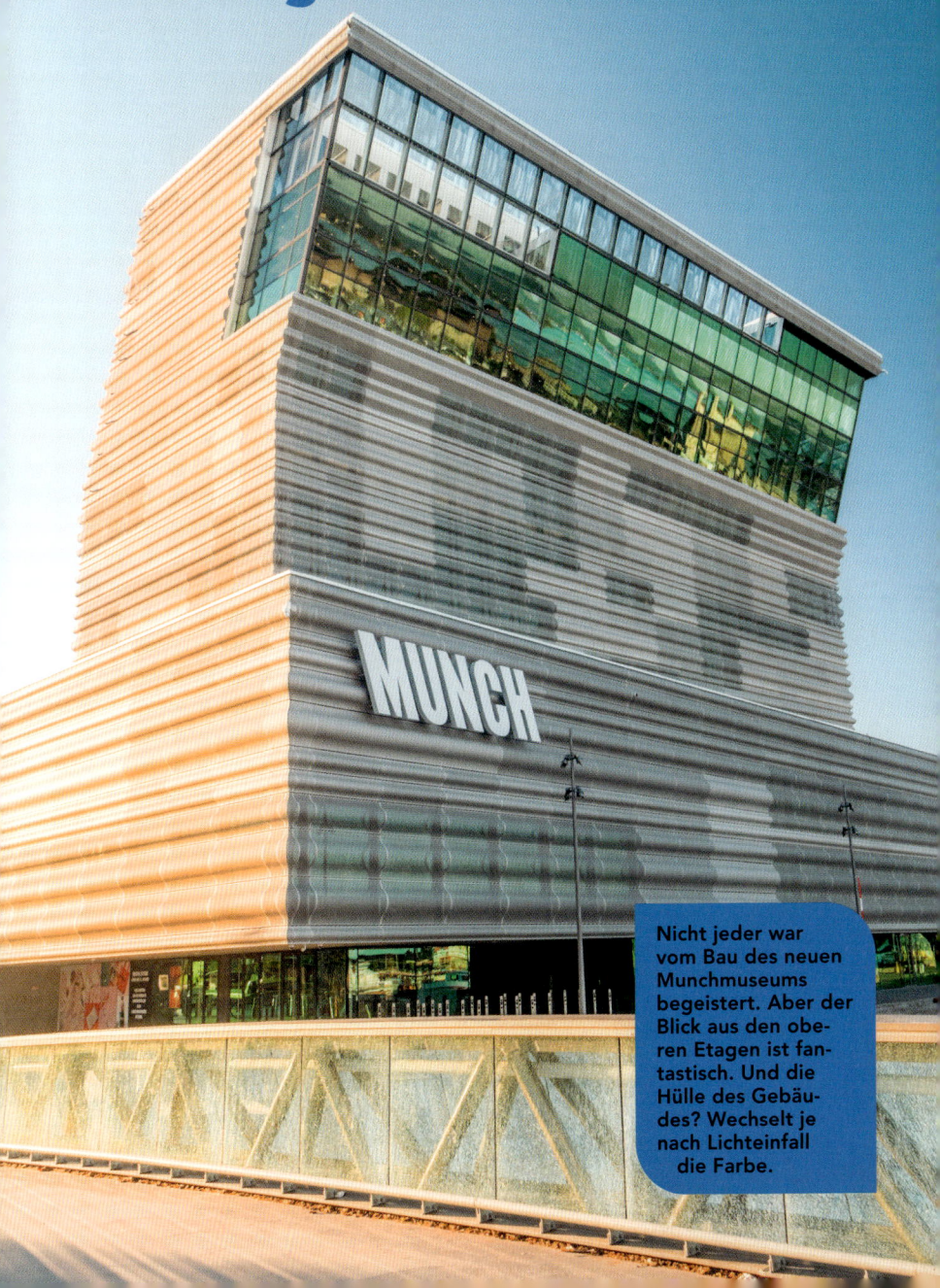

Nicht jeder war vom Bau des neuen Munchmuseums begeistert. Aber der Blick aus den oberen Etagen ist fantastisch. Und die Hülle des Gebäudes? Wechselt je nach Lichteinfall die Farbe.

Raumschiff? Fantasy-Filmkulisse? Nix dergleichen: Aus der ehemaligen Möllerei in Belval wurde eine der futuristischsten und hipsten Uni-Bibliotheken Europas.

LUXEMBURG

12

Der Süden holt auf: Früher schauten die *Stater*, wie die vornehmen Bürger der Kapitale auf gut *Lëtzebuergesch* genannt werden, naserümpfend auf die Bewohner des industriell geprägten südlichen Landesteils herab. Okay, bisweilen tun sie das bis heute. Fragt sich nur, wie lange noch? Zwar hat die Hauptstadt Luxemburg allen Grund, sich auf ihre Unesco-geadelte Altstadt samt Festungsanlagen ordentlich was einzubilden, doch die geschmähten Schmuddelkinder im Süden legen derzeit in Sachen Attraktivität ordentlich nach. Die Rolle des Musterschülers nimmt dabei die ehemalige Industriebrache Belval am Rande von Esch/Alzette ein, der zweitgrößten Stadt des Landes und Europäische Kulturhauptstadt 2022. Hier büffeln die Studenten in einer ehemaligen Möllerei (hat was mit Stahlwerken zu tun), die in eine futuristische Bibliothek umgewandelt wurde. Und wenn sie genug studiert haben, können sie sich am Fuß der alten Hochöfen einen genehmigen. Noch neuer als das neue Stadtviertel ist der Minett Trail durch die alten Erzabbaugebiete, die die Natur sich langsam, aber sicher zurückerobert. Und zwar mit solchem Erfolg, dass das gesamte Minett, wie der südliche Landesteil offiziell heißt, 2020 zum Unesco-Biosphärenreservat erklärt wurde. Also mehr als ein Grund, warum die *Minettsdäpp* – wie die Einwohner des Südens sich selbstironisch und schier unübersetzbar nennen – heute auch den *Statern* gern mal eine lange Nase machen.

to do

1 Die Red Rock Region rockt

Warum das Unesco-Biosphären-reservat auch „Land der Roten Erde" genannt wird? Finde es heraus! Über 90 km führt der neue Minett Trail durch den industriell geprägten Süden. Und nach den Red Rocks geht's zum Abrocken in die Rockhal in Belval.

2 Graffiti total legal

Die Kulturfabrik in Esch ist Kult – was auch an der Kneipe mit dem putzigen Namen Ratelach (Rattenloch) liegt. „Kufa's Urban Art Esch" heißt ein Projekt, bei dem sich Street-Art-Künstler austoben dürfen und das inzwischen über die Landesgrenzen hinausgewachsen ist. Eine Tour gibt's unter https://kufasurbanartesch.lu.

3 Leute treffen

Früher galt der Limpertsberg als verschlafenes Wohnviertel. Heute treffen sich hier junge Leute aus sämtlichen gefühlt 500 Nationen, die im Land vertreten sind. **INSIDER TIPP** Misch dich unters Volk! Besonders gut geht das in der Rue Albert Unden, im La Tapería oder im Mont-Saint-Lambert.

to see

4 Burg Vianden

Rauf zu Luxemburgs größter Feste nimmst du den einzigen Sessellift im Land, mit klasse Blick über das Ourtal. Wenn dir danach noch nicht schwummrig ist: Die „ViViBox" in der Burg schickt dich auf einen schwindelerregenden Virtual-Reality-Trip.

5 Corniche

Die Corniche gilt als schönster Balkon Europas. Stimmt! Hier guckst du von der historischen Oberstadt in die Unterstädte – oder drüber weg ins hochmoderne Europaviertel gegenüber. Besonders relaxt geht das bei einem Glas Wein auf der Terrasse der Vinoteca in der Rue Wiltheim.

6 Family of Man

Fotografie ist dein Ding? Dann kommst du daran nicht vorbei: Die berühmte Fotosammlung „Family of Man" von Edward Steichen ist im Clerfer Schloss ausgestellt. Weniger bekannt ist die Steichen-Expo „The Bitter Years" in der angesagteren Location: Vom Wasserturm in Düdelingen siehst du bis nach Douce France.

••• **LUXEMBURG** ••••••••••••••••••••••••

Hauptstadt: Luxemburg
Sprachen: Luxemburgisch, Deutsch, Französisch
Einwohner: 635 000
Anreise: Mit der Bahn über Trier, Autofahrer nehmen die A1 oder die A8. Der öffentliche Transport (außer Zugabteil 1. Klasse) ist im ganzen Land kostenfrei.
Mehr Infos: www.visitluxembourg.com

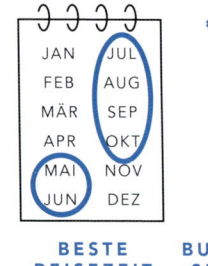

		€€€
JAN	JUL	
FEB	AUG	
MÄR	SEP	€€
APR	OKT	
MAI	NOV	
JUN	DEZ	€

BESTE REISEZEIT   **BUDGET SKALA**

Die Corniche gilt als schönster Balkon Europas. Stimmt!

Blick vom Balkon in die Unterstadt. Wenn du genau hinschaust, siehst du am Flussufer Luxemburgs berühmte Nixe Melusina sitzen, in einer coolen pinken Version aus dem 3-D-Drucker.

13

LIMNOS

Griechenland – ja bitte, wenn da nur nicht die vielen anderen Touristen wären! Es gibt eine Insel in der Ägäis, auf der im ganzen Jahr so viele Passagiere landen wie auf Kreta in drei Tagen. Ein heißer Tipp für Individualisten.

Die Burg auf dem Fels, die Sonne im Meer, bei Abendrot ist Myrina am schönsten. Gleich füllen sich die Tische mit Fisch von den Booten und limnischem Wein.

Klein ist Limnos nicht, immerhin ist es die siebtgrößte Insel der Ägäis. Kein Inselzwerg, der im Sommer einem mit Touristen aufgepumpten Ballon gleicht und im Winter schlappmacht. Hier geht es rund ums Jahr gemächlich zu, die Szenerie könnte griechischer nicht sein: In der sanften Landschaft stehen alte Windmühlen. Die Kafenions und Tavernen in den Dörfern bedienen ihre Stammgäste, und wenn mal jemand vorbeikommt, sind es eher Bauern mit ihren Eseln als Urlauber auf Mountainbikes. Strände gibt es zuhauf, feinsandig und menschenleer, oft nur mit dem Jeep erreichbar. Die Beach Bars sind Treffpunkt junger Griechen und Griechinnen, nur der trendige Keros Beach zieht Kiter aus aller Welt an. Ein bisschen mehr Ah und Oh darf's schon sein? Dann durchwandere den größten Salzsee Europas oder die Ruinen von zwei über 4500 Jahre alten Städten. Den schönsten Arbeitsplatz der Insel hat der Wärter der Ausgrabungen von Hephaistia: Er sitzt den ganzen Tag von Besuchern nahezu unbehelligt vor dem Kassenhäuschen über einer Steilküste, wo man die Ruhe fast mit den Händen greifen kann.

to do

1 Kiten für Alle
Newbie oder Könner, am Keros Beach hat jeder Fun. Das große Steh-revier hat in der Ägäis nicht seines-gleichen. Hier wirst du zum perfekten Freestyler – und ganz neu kannst du jetzt auch das trendige Wingfoilen lernen. Glamping ist hier die ange-sagte Wohnform.

2 Weinentdecker werden
Limnische Weine kannten bis-her nur einige Griechen. Jetzt haben Europas Vinologen sie entdeckt. Bei Limnos Organic Wines in Kaspakas kannst du sie nach einer Kellereitour verkosten. Sind sie zu lecker, kannst du auch gleich inmitten der Wein-gärten übernachten.

3 Vom Boot auf den Teller
Auf dem Teller hast du Fisch oder Hummer – frisch von den bunten Fi-scherbooten, die vor dir im kleinen Hafenbecken dümpeln. Schau mal nach oben, dann siehst du eine Ritter-burg, deren Mauern abends effektvoll angestrahlt auf bizarren Felsen thro-nen: Romantik pur!

to see

4 Pachies Ammoudies
Schick deinen Freunden ein Sel-fie aus der Wüste! Mehr Sanddünen findest du nirgends in Europa. Lass das Kind in dir raus und roll die Sand-hänge runter. Kamele gibt's nicht, doch was könnte schöner sein, als nach der Wüstendurchquerung ins glasklare Wasser der Ägäis zu hüpfen?

5 Prähistorisches Myrina
Als unsere Vorfahren noch in Höh-len hausten, lebten die Menschen auf Limnos schon in einem befestigten Städtchen. Beim Spaziergang durch Myrina kannst du die gepflasterten Gassen sehen – sogar eine Kanalisa-tion gab es vor 4500 Jahren schon.

6 Panagia Kakaviotissa
Fotogener kann eine Kirche kaum liegen. Sie wurde vor 500 Jahren in eine riesige Grotte hineingebaut, um sie vor Piraten zu verbergen. 40 Mi-nuten dauert der Aufstieg, die Trep-pen sind steil, puh, aber du wirst es nicht bereuen. **INSIDERTIPP** ▸ Fahr am späten Nachmittag hin, dann scheint die Sonne direkt in die Grotte.

LIMNOS

Land: Griechenland
Hauptstadt: Athen
Sprache: Griechisch
Einwohner: 17 000
Anreise: Direktflüge gibt es im Sommer ab Wien, weitere Verbindungen über Athen, Thessaloniki oder Samos. Fähren setzen ab Kavala, Piräus und Samos über.
Mehr Infos: www.visitlimnos.info

JAN	JUL	€€€
FEB	AUG	
MÄR	SEP	€€
APR	OKT	
MAI	NOV	
JUN	DEZ	€

BESTE REISEZEIT   **BUDGET SKALA**

Newbie oder Könner, am Keros Beach hat jeder Fun

Könner foilen im Stehen, Anfänger fahren zunächst auf den Knien. Innerhalb von zwei Tagen lernst du die Technik und gewinnst an Höhe.

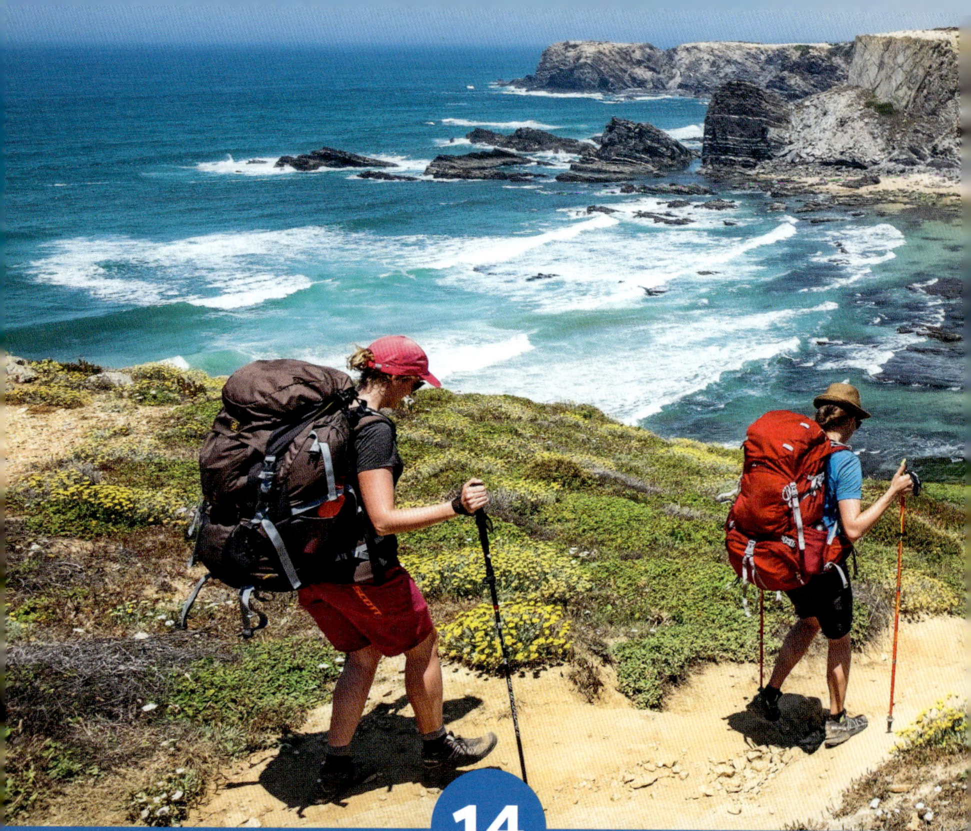

14

ALENTEJO

Hier wird nachhaltiger Tourismus vorgelebt:
Wandertrails auf alten Schäfer- und Fischer-
pfaden, Weintrauben treten nach alter Sitte,
Landgüter als Vorreiter der Bio-Welle.
Slow Tourism ist das Zauberwort!

Stairway to Heaven: Auf dem Fischerweg der Rota Vicentina fühlst du dich im Hiking-Himmel – diese Küste entschleunigt und macht glücklich, garantiert!

Wer sind eigentlich die Ostfriesen Portugals? Tja, es sind die Alentejanos, über deren legendäre Langsamkeit gern Witze gerissen werden. Es stimmt: Im Alentejo ticken die Uhren langsamer. Die knorrigen Korkeichen wachsen zwei Generationen, bis sie Gewinn abwerfen, Schwarze Schweine schnüffeln unter Steineichen nach Eicheln, sonnensamtige Rotweine reifen in Amphoren – und die Menschen haben noch Zeit. Und was ist die beste Voraussetzung für Nachhaltigkeit? Genau, Entschleunigung. Für die Portugiesen macht das den Land-

strich auch zum Sehnsuchtsort. Das ging schon Amália Rodrigues so, der größten Fadosängerin Portugals, die sich in den 50er-Jahren ein Refugium hoch auf der Klippe baute – heute können alle am Amalia-Strand baden. So ist der Alentejo auch eine lebendige Kulturlandschaft: vom Musikfestival auf der Burg von Marvão bis zum chinesischen Mega-Künstler Ai Weiwei, der sich zur Künstlerkolonie von Montemor-o-Novo gesellt hat. Und die robuste Landküche mit ihren traditionellen Methoden ist Slow Food pur. Wer 2023 vom Hamsterrad springen will, ist hier richtig!

to do

1 Two Steps to Freedom

So lautet der Slogan der Rota Vicentina. Oder kurz: „OMG!". Die Optionen des nachhaltig betriebenen Routennetzes sind: der Fischerpfad entlang Klippen und Wahnsinnssträn-den (Insta-Motive ohne Ende) und der Historische Weg vorbei an Trutzbur-gen, Korkeichen und Olivenhainen. https://rotavicentina.com/de

2 Stadt, Land, FLUSS!

Hallo Kanu! Etwas wackelig siehst du aus, etwas niedrig liegst du im Wasser – egal: Los geht's! *Até logo*, bis in drei Stunden dann … Paddeln auf dem Mira-Fluss hat was Hypnoti-sches, vorbei an Gezeitenmühlen und staksigen Reihern. www.ecotrails.pt

3 Rein in die Pedale!

In Bahnwägelchen-Gokarts auf alten Eisenbahngleisen unterwegs? Das geht bei Railbike Marvão, einer Initiative von jungen Leuten, die zu-rück aufs Land wollten. Im alenteja-nischen Tempo zockelt man durch Olivenhaine und über eine hohe Bo-genbrücke. www.railbikemarvao.com

to see

4 Évora

Einst zog Évora die portugiesi-schen Royals an (lange Geschichte), heute ist es eine lebendige Studen-tenstadt und Mekka für Gourmets und Kultur-Nerds. In einem umwelt-freundlichen Tagestrip ist Évora leicht per Bus oder Bahn von Lissabon aus erreichbar. **INSIDER TIPP** Am alten Aquädukt entlang kannst du bis zum Cartuxa-Weinkloster wandern.

5 Museo Berardo Estremoz

In einem Adelspalast in Estre-moz haben die bunt glasierten Azu-lejo-Fliesen als die portugiesischste aller Künste ein neues Showcase. Enthusiastische Führungen, plus ein Gratis-Gläschen Wein.

6 Black Pig Distillery

Ein Sommer- und ein Winter-Gin – da muss man erst mal drauf kommen! Die junge Destille mit dem Ferkel auf dem Etikett hat schon 30 Preise einge-heimst. Gebrannt wird mit Botanicals der Region; der Mini-Erlebnispark mit frei rumlaufenden Schwarzen Schwei-nen ist top für Familien!

• • • • **ALENTEJO** › •

Land: Portugal
Sprache: Portugiesisch
Einwohner: 700 000
Anreise: Per Flugzeug nach Lissabon oder Faro. Klimafreundlicher geht's per Flixbus oder Bahn, z. B. als Interrail-Trip in mehreren Etappen.
Mehr Infos: www.visitalentejo.pt, www.visitportugal.com

€€€

JAN	JUL
FEB	AUG
MÄR	SEP
APR	OKT
MAI	NOV
JUN	DEZ

€€

€

BESTE REISEZEIT   **BUDGET SKALA**

Die robuste Landküche ist Slow Food pur

Das grüne Gold des Alentejo: Bei einschlägigen Geschmackstests belegen hiesige Olivenöle stets Top-Ränge, und Weinproben schließen meist ein kalt gepresstes Öl ein – einfach das knusprige alentejanische Brot reinstippen und … wow!

Selbst wenn morgen die Welt untergeht: Es lohnt sich immer, einen – oder gleich mehrere – Bäume zu pflanzen. Und am meisten Spaß macht das gemeinsam ...

Immer mehr Menschen wollen sich im Urlaub sozial oder ökologisch engagieren. Das ist ehrenwert, aber nicht immer nützlich. Über gute und kritische Freiwilligenarbeit.

TREND: VOLUNTOURISMUS

15

Endlich Urlaub! Sonne, Sand und Meer, Cocktail dazu, ab dafür. Ist nicht so deins? Du würdest deine freie Zeit lieber sinnvoll nutzen und dich ehrenamtlich einbringen? Damit bist du nicht allein, der Voluntourismus boomt seit Jahren und wird es beim derzeitigen Zustand der Welt auch weiterhin tun. Dabei musst du gar nicht in die Ferne reisen, ganz im Trend liegen Hilfseinsätze in europäischen Ländern. Wichtig zu wissen: Vereine und Initiativen wie forum anders reisen, fairunterwegs oder Tourism Watch sehen die Freiwilligenarbeit auf der Urlaubsreise, die meist für soziale oder Umweltprojekte geleistet wird, durchaus kritisch. Vor allem dann, wenn kommerzielle Anbieter den Einsatz vermitteln und es am Ende ums Geschäft geht. Zu kurz sei der Aufenthalt der ungelernten Freiwilligen, lauten die Argumente, der Nutzen zweifelhaft, im schlimmsten Fall werden die Menschen, die du unterstützen möchtest, ausgebeutet. Du möchtest trotzdem helfen? Dann informier dich gründlich, prüfe den Anbieter auf Herz und Nieren oder entscheide dich gleich für den (längeren) Freiwilligendienst. Du kannst dich aber auch an Wissenschaftsprojekten beteiligen, Bergbauern helfen oder bei „Urlaub gegen Hand" dem Gastgeber – genau! – zur Hand gehen. Bei „Koje gegen Hand" hast du die Chance, auf einem Segeltörn anzuheuern. Werde dir aber immer über die eigene Motivation klar: Engagiere ich mich sozial nur fürs eigene Gewissen? Oder kann ich wirklich helfen?

top volunteering

1 Auf Zeitreise
Auf dem Campus Galli wird auf Grundlage einer 1200 Jahre alten Zeichnung eine mittelalterliche Klosterstadt nachgebaut – mit Techniken des 9. Jhs.! Wer Lust auf Schmieden, Steine behauen oder Weben hat, kann mitmachen. www.campus-galli.de

2 Wälder retten
Der Bergwald sorgt dafür, dass keine Lawinen und Bergrutsche in die Täler abgehen, er ist Erholungsort und Lebensraum für seltene Tiere und Pflanzen. Aber er muss gepflegt werden – und das tut das Bergwaldprojekt in der Schweiz seit bald 40 Jahren. Du kannst bei Projektwochen helfen. https://bergwaldprojekt.ch

3 Solidarisch in Europa
Wenn du unter 30 bist, könnte das Europäische Solidaritätskorps etwas für dich sein. **INSIDER TIPP** Für zwei bis zwölf Monate arbeitest du bei Flüchtlingshilfe- oder Umweltprojekten mit, die den Zusammenhalt und die Demokratie in Europa fördern sollen. www.solidaritaetskorps.de

4 Unter Segeln
Der Name sagt's bereits: Fairtransport schippert nachhaltige (Bio-) Waren mit den motorlosen Segelschiffen „Tres Hombres" und „Nordlys" über die Meere. Du kannst als (zahlender!) Trainee anheuern und mithelfen. https://fairtransport.eu

5 Mehr Bio-Essen!
Über die Organisation mit dem schönen Namen WWOOF (Worldwide Opportunities on Organic Farms) kannst du welt- und europaweit auf Öko-Bauernhöfen mit anpacken. Einfach anmelden, Land aussuchen, Jahresbeitrag (ab 15 Euro) entrichten und loswwoofen. https://wwoof.net

6 Expedition Artenschutz
Es reizt dich, mal an einer wissenschaftlichen Forschungsreise teilzunehmen? Vielleicht auf die Azoren (Wale!) oder nach Schweden (Braunbären!)? Die Nonprofit-Organisation Biosphere Expeditions macht's möglich, in Zusammenarbeit mit dem Naturschutzbund NABU. www.biosphere-expeditions.org

• • • • **VOLUNTOURISMUS** •

Kriterien für seriöse Anbieter: Rechtssitz in Deutschland, transparente und gut zugängliche Informationen zu allen Details (Gemeinnützigkeit ist gut!), Notfallkontakt, Gründungsjahr, Vorbereitung auf den Auslandsaufenthalt, Vertrag, Erfahrungsberichte
Besser nicht: Experten raten generell von kurzen, individuellen Einsätzen in sozialen Projekten (speziell der Arbeit mit Kindern) ab.

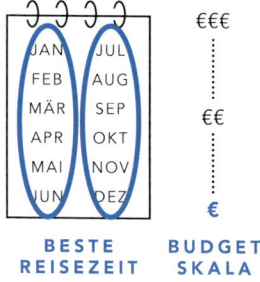

BESTE REISEZEIT   BUDGET SKALA

Die wichtigste Frage lautet: Helfe ich wirklich?

Die Arbeit der Bergbauern in Südtirol ist hart. Über den Verein Freiwillige Arbeitseinsätze kann man ehrenamtlich auf einem Hof mitarbeiten.

15

X

WELT

WEIT

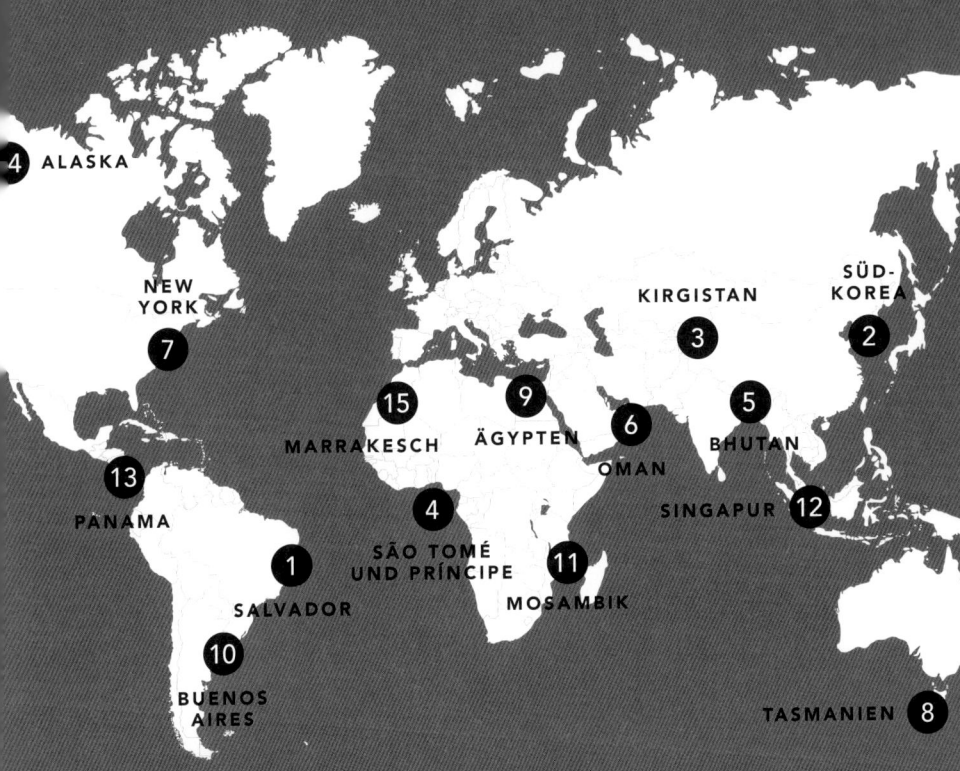

ALASKA 4

NEW YORK 7

KIRGISTAN 3

SÜD-KOREA 2

15 MARRAKESCH

9 ÄGYPTEN

6 OMAN

5 BHUTAN

13 PANAMA

4 SÃO TOMÉ UND PRÍNCIPE

SINGAPUR 12

1 SALVADOR

11 MOSAMBIK

10 BUENOS AIRES

TASMANIEN 8

Zwei Marken-
zeichen von Bahia:
afrobrasilianische
Traditionen und ein
herzhaftes Lachen.
Beiden begegnest
du in Salvador an
jeder Ecke.

Schick renovierte Plätze und neue Museen, ein Riesenrad und bald ein Meeresaquarium. Brasilianer wissen es längst, jetzt spricht es sich auch im Ausland herum: Salvador ist Brasiliens angesagteste City!

SALVADOR

1

In alten Kirchen und Museen das Gähnen unterdrücken? Im Gegenteil: Brasiliens älteste Stadt ist alles, nur nicht langweilig! In Salvador schlägt das afrobrasilianische Herz des Landes. Hier sieht man den künstlerischen Kampftanz Capoeira auf offener Straße und hört den Sound der Trommelgruppen, die abends durch die Gassen ziehen. Da möchte man glatt mittanzen. Und warum auch nicht? In Salvador darf jeder mitmachen. Das Welterbe-Viertel Pelourinho ist alt, aber es vibriert! Nicht nur das: Die Stadt hat in den vergangenen Jahren mächtig aufgeräumt. Der zentrale Platz Terreiro de Jesus wurde komplett renoviert und zeigt sich jetzt mit Sitzbänken im Stil einer eleganten kubanischen Plaza. Auch die historische Rua Chile, die älteste Straße der Stadt, wurde aufgehübscht. Und im neuen Boomviertel Santo Antônio machen gefühlt fast täglich hippe Bistros, Bars und Ateliers auf. In das berühmte Fort São Marcelo, das vor der Altstadt auf einer Sandbank im Meer liegt, soll ein großes Meeresaquarium mit dem ersten Unterwasserrestaurant Brasiliens einziehen. Und noch ein Grund, 2023 nach Salvador zu kommen: die herrlichen, oft unberührten Strände und urigen Fischerdörfer südlich der Stadt wie Barra Grande auf der Maraú-Halbinsel oder Praia de Tassimirim auf der Insel Boipeba. In ein paar Jahren wird eine gigantische Autobrücke die Allerheiligenbucht überspannen. Spätestens dann ist es mit der Idylle vorbei.

to do

1 Zwischen Himmel und Erde

Salvadors Leuchtturm, bekanntes Wahrzeichen der Stadt, bekommt 2023 Konkurrenz: ein 84 m hohes Riesenrad. Gleich beim Kreuzfahrt-anleger kannst du hochfahren und bis zur Insel Itaparica blicken.

2 Applaus, Applaus!

Ab 17.30 Uhr bereiten sich die Sonnenuntergangsanbeter auf den besten *Pôr-do-sol* Brasiliens vor. Nur in Salvador versinkt die Sonne direkt im Meer – wegen der Landzunge, auf der die Stadt liegt. **INSIDER TIPP** ▶ Hinterm Leuchtturm in Barra bringt man Decke, Wein und Gitarre mit und bedankt sich mit Applaus für das Lichtspektakel.

3 Paradies vor der Haustür

Lust auf Meer? In nur zwei Boots-stunden bist du per Katamaran auf der autofreien Urwaldinsel Morro de São Paulo. Mit einer Caipi am Strand lässt du die Großstadt hinter dir und den lieben Gott einen guten Mann sein. Brasilien wie aus dem Bilder-buch, fast zu schön, um wahr zu sein!

to see

4 Casa do Carnaval

Karneval in Rio? Bekannt. Vom Karneval in Salvador haben dagegen nur wenige gehört. Dabei ist es laut „Guinness-Buch der Rekorde" das größte Straßenfest der Welt. Im neuen Karnevalmuseum kannst du zu feuriger Axé-Musik tanzen und etwas über die afrobrasilianische Bedeu-tung erfahren. Und danach auf der Terrasse den Buchtblick genießen.

5 Cidade da Música da Bahia

Salvador und Musik, das ist wie Bayern und Bier: untrennbar verbun-den. Das neue Musikmuseum liegt in einem Altbau in der Unterstadt. Jahre-lang dem Verfall preisgegeben, strah-len die portugiesischen Azulejos nun wieder tiefblau. Drinnen geht's inter-aktiv zu, von Karaoke bis Trommeln.

6 Igreja de São Francisco

Kein Besucher lässt die berühmte Franziskanerkirche aus. Man wusste damals wohl nicht, wohin mit all dem Gold. Es glänzt und glitzert bis unter die Decke – ganz tief Luft holen und die Pracht auf sich wirken lassen.

• • • • SALVADOR •

Land: Brasilien
Sprache: Brasilianisches Portugiesisch
Einwohner: 2,9 Mio.
Währung: Real
Anreise: Auf dem Flughafen Salvador Bahia landen Maschinen aus ganz Brasilien. Von Europa geht's nur ab Lissabon nonstop, sonst über Rio de Janeiro oder São Paulo.
Mehr Infos: www.salvadordabahia.com

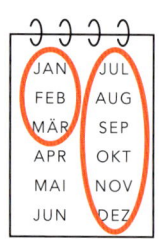

€€€

JAN	JUL
FEB	AUG
MÄR	SEP
APR	OKT
MAI	NOV
JUN	DEZ

€€

€

BESTE REISEZEIT   **BUDGET SKALA**

Bunte Kolonial-
häuser und viele
Bars, Cafés und
Ateliers findest
du in den hippen
Altstadtvierteln
Santo Antônio und
Carmo.

City-Trip mit
Paradiesanschluss:
An traumhaften
Stränden wie hier
auf der Ilha de
Tinharé besteht
rund um Salvador
kein Mangel.

Jung, trendy und digital ganz vorn – das ist Südkoreas Image. Das Land hat allerdings die niedrigste Geburtenrate der Welt und altert in rasendem Tempo.

20 23!

Bballi bballi – schnell, schnell – ins Land der Morgenstille: Die Koreanische Welle erobert die Pop-, Essens- und Mode- kultur und macht neugierig auf den gebirgigen Landzipfel im Pazifik.

SÜDKOREA

2

Schon gehört? „Squid Game", die bis dato erfolgreichste al- ler Netflix-Serien, geht 2023 wohl in die zweite Runde. Das finden nicht nur Südkoreaner *dabak*, also auf gut Deutsch: geil. Denn die stylish- brutale Serie ist Teil von *hallyu*, der Koreanischen Welle, dem weltweiten Siegeszug von K-Pop, K-Food, K-Beauty, K-Fashion, K-Drama. Ne- ben „Squid Game" sorgte der Kino- film „Parasite" für Furore, als er als erste nicht englischsprachige Pro- duktion 2020 den Oscar für den bes- ten Film erhielt. Millionen Menschen kennen die jungen Popstars von BTS und Blackpink oder sind Fans von Gerichten wie Bibimbap, Kimchi und Japchae. Für die meisten aber liegt das Land im Süden der Koreanischen Halbinsel weitgehend in jenem Ne-

bel, der seine vielen Berge durch- zieht. Aber das Interesse an der Hightech-Nation Südkorea nimmt zu, in dem Maße wie das K-Phänomen immer größer wird. Also, nichts wie hin, bevor alle kommen! Um sich vom atemlosen Leben im Schatten des futuristischen N Seoul Tower in der Hauptstadt mitreißen oder von der bergigen Natur vieler Nationalparks und den Traumstränden verzaubern zu lassen.

Land von K-Pop und K-Fashion

to do

1 Ab ins Kloster!
Mach dich auf die Suche nach deinem wahren Ich – beim südkoreanischen Temple-Stay-Programm in traumhaft schönen buddhistischen Klöstern. Die Angebote reichen vom Tempel-Tagesaufenthalt bis zu längeren Auszeiten mit Fokus auf Ruhe oder traditionellem Klosterleben: https://eng.templestay.com.

2 Grenzerfahrung
Die Demilitarisierte Zone (DMZ) ist die wohl bestbewachte Grenze der Welt. Am nächsten kommst du dem abgeschotteten Nordkorea bei einer Tagestour in die Joint Security Area (JSA). Die kann man mit unzähligen Anbietern von Seoul aus machen. Achtung, es wird gespenstisch-skurril!

3 Insel der Träume
Türkises Meer? Check! Weißer Sand? Check! Karibik? Nein, Jeju-do! Die Insel vor der Südküste im Ostchinesischen Meer ist ein Naturwunder. Steh früh auf und erlebe bei Sonnenaufgang, warum der Seongsan Ilchulbong auch Sunrise Peak heißt.

to see

4 Seoul
Na klar, ein Aufenthalt in der Hauptstadt ist Pflicht. Zwischen Pavillons und Palästen, traditionellen Häusern und quirligen Märkten, einem künstlichen Fluss und megamodernen Wolkenkratzern hältst du's wie die Städter selbst: Schlaf braucht niemand, und Karaoke macht Megaspaß.

5 Busan
„Train to Busan" heißt ein bekannter Zombiestreifen, der in einem Hochgeschwindigkeitszug spielt. Ein solcher bringt dich – ganz ohne Untote – in drei Stunden von Seoul in die Hafenstadt am Japanischen Meer. Und in eine andere Welt: Südkoreas zweitgrößte Stadt hat ganz viel maritimes Flair zwischen Bergen und Meer.

6 Seoraksan-Nationalpark
70 Prozent der Landfläche Südkoreas sind Berge. Und auf den einen oder anderen musst du natürlich rauf. Nirgendwo ist ein Trek schöner als im Seoraksan-Nationalpark. **INSIDER TIPP ▶** Richtig zauberhaft wird's hier, wenn sich im Herbst das Laub verfärbt.

••• SÜDKOREA •••••••••••••••••

Hauptstadt: Seoul
Sprache: Koreanisch
Einwohner: 52 Mio.
Währung: Won
Anreise: Nonstopflüge aus Europa landen nach elf bis zwölf Stunden auf Seouls internationalem Flughafen Incheon.
Vor Ort unterwegs: Per Zug oder Mietwagen
Mehr Infos: https://german.visitkorea.or.kr

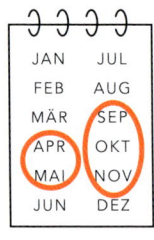

€€€

JAN	JUL
FEB	AUG
MÄR	SEP
APR	OKT
MAI	NOV
JUN	DEZ

€€

€

**BESTE
REISEZEIT**

**BUDGET
SKALA**

In Seoul tobt Tag und Nacht das Leben. In der High-tech-City mit dem schnellsten Internet der Welt wohnen fast zehn Millionen Menschen, im Groß-raum sogar mehr als doppelt so viele.

Jurten und viel Steppengras auf dem Song-Kul-Plateau. Schon Dschingis Khan hat es hier gefallen. Er kam 1220 mit seinen Reitern vorbei.

3

KIRGISTAN

Kirgistan ein Trendziel 2023? Unbedingt! Mit seinen Almwiesen, Gebirgszügen im Himalaya-Format, Jurten-Camps und endlosen Steppenlandschaften ist das zentralasiatische Land perfekt für Outdoor-Freaks.

Kirgi ... was? Da müssen viele erst mal googeln. Das zentralasiatische Land zwischen Kasachstan, Usbekistan und China ist erst seit 1991 wieder auf der Bildfläche. Die Jahrzehnte davor war es Teil der Sowjetunion, im 19. Jh. hatten die Zaren das Sagen. Und was gibt es dort? Vor allem Berge, teils über 7000 m hoch, umwerfend schön, weitgehend unberührt, manche mit weißer Mütze. Das hat auch die Unesco begeistert, weshalb sie Teile davon – genauer gesagt den Westen des grenzübergreifenden Tien-Shan-Gebirges – zum Weltnaturerbe erklärte. Genau das Richtige für Draußenmenschen mit Entdecker-Gen, die etwas Neues ausprobieren wollen. Warum nicht mal mit dem Pferd über die Steppe preschen, abends am Lagerfeuer vor der Jurte Koumiss – vergorene Stutenmilch – schlürfen und dabei in den Sternenhimmel schauen? Zu rustikal? Dann in die Hauptstadt Bishkek, deren Boulevards, einschüchternde Denkmäler und abblätternde Protzbauten an kommunistische Zeiten erinnern. Und dann sind da ja noch die Karawansereien und Heldenmausoleen entlang der alten Seidenstraße ...

to do

1 Lokaler geht's nicht
Wandern mit Bauern, Kochen mit Familien, Chillen auf der Alm: Die Kyrgyz Community Based Tourism Association organisiert im ganzen Land besondere Aktivitäten und Touren mit Locals. Lass dich inspirieren: www.cbtkyrgyzstan.kg.

2 Von Frauen für Frauen
Im männerdominierten Touribusiness sind Frauen noch immer in der Minderheit. Deshalb gibt es in der Provinz Jalal-Abad neuerdings Touren von Frauen für Frauen. Das Programm reicht von actionreichem Trekking im Sary-Chelek-Nationalpark bis zu Nähen mit Müttern. Immer inklusive: spaßiger Smalltalk mit Händen und Füßen.

3 Achtung, fertig, platsch!
Riesengroß und glasklar: Der Issyk Kul zählt zu den schönsten Gewässern Zentralasiens. Der See liegt auf 1600 m, hat viele einsame Buchten und, aufgepasst, im Sommer sogar Badetemperaturen. Dann kann es an den Stränden richtig busy werden.

to see

4 Tasch Rabat
Es gibt sicher spektakulärere Karawansereien als diese. Aber das gut 500 Jahre alte Gemäuer liegt so idyllisch am Rand des Atbaschy-Gebirges, dass man fast neidisch wird auf die alten Karawanenzüge, die hier einst auf ihrer anstrengenden Reise entlang der Seidenstraße Rast machten.

5 Jeti Oguz Canyon
Beim Trekking rund um die feuerroten Sandsteinformationen südwestlich von Karakol, die Einheimische an sieben Bullen (*jeti oguz*) erinnern, qualmt der Wanderschuh. **INSIDER TIPP** Am besten dort übernachten – der Sternenhimmel ist in klaren Nächten ein Traum.

6 Ala Kul
Der türkisblaue Bergsee liegt auf gut 3500 m inmitten der Terskey-Ala-Too Mountain Range und ist nichts für zarte Beinchen. Du solltest schon fit genug sein für eine zünftige Bergtour, um die Grandiosität der Gegend richtig würdigen zu können.

• • • KIRGISTAN • • • • • • • • • • • • • • •

Hauptstadt: Bishkek
Sprachen: Kirgisisch, Russisch
Einwohner: 6,5 Mio.
Währung: Som
Anreise: Über Istanbul gibt's täglich Direktflüge nach Bishkek. Auch innerhalb der Region bestehen viele Verbindungen, etwa mit Dubai oder Tashkent (Usbekistan).
Mehr Infos: https://tourism.gov.kg

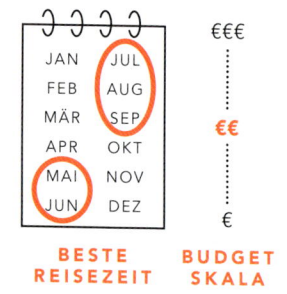

		€€€
JAN	JUL	
FEB	AUG	
MÄR	SEP	€€
APR	OKT	
MAI	NOV	
JUN	DEZ	€

BESTE REISEZEIT   BUDGET SKALA

Genau das Richtige für Draußenmenschen mit Entdecker-Gen

Falls es nicht schon der Aufstieg zum 4545 m hohen Pik Uchitel im Ala-Archa-Nationalpark geschafft hat – spätestens bei diesem Ausblick wird dir warm ums Herz.

Bist du reif für die Insel? Der Banana Beach auf Príncipe verspricht pure Robinson-Romantik. Es wäre sogar Platz für zwei Sonnenschirme.

Afrikas zweitkleinstes Land ist meist nur Briefmarkensammlern und Schokoholics ein Begriff. Dabei gibt's hier butterweiche Strände, dichten Urwald, eine enorme Artenvielfalt und, ja, die beste Schokolade der Welt.

SÃO TOMÉ UND PRÍNCIPE

4

Du liebst Grün? Dann bist du auf São Tomé und Príncipe richtig. Die Inseln vor der afrikanischen Westküste sind so fruchtbar, dass man nur einen Obstkern fallen lassen muss, und fünf Minuten später sprießt schon etwas aus dem Boden. Überall zeigt sich die Natur von ihrer verschwenderischen Seite: Auf den knapp 1000 km² Landesfläche gibt es mehr Tierarten als auf den Galapagos-Inseln, Urwälder mit Baumriesen voller Vögel, die größten Begonien der Welt, massive Baobabs in der Savanne des Nordens und sage und schreibe acht Bananensorten. Plus: eine Kultur mit geradezu karibischer Lebensfreude und eine mittelalterliche Theatertradition (Tchiloli), die sich nur auf São Tomé findet. Leve, Leve ist das Lebensmotto – immer locker bleiben –, und das steckt an. Auch für Foodies gibt es viel zu entdecken: vom frisch gegrillten Fisch am Strand über das Nationalgericht Calulú – ein Eintopf mit vielen Kräutern und medizinischem Mehrwert – bis hin zum Gourmetmenü mit Bananenröllchen mit Bacon und Zitronengras. Und immer wieder, klar, Schokolade. Nirgends sei sie besser als hier, heißt es. Also los, probieren.

„Leve, Leve" ist das Lebensmotto

to do

to see

1 Koste die Tropenküche
Frischer Kakao, Urwaldpfeffer, in Zimt gewälzte Kokosschnitze: Die Probiermenüs von João Carlos Silva auf seiner Plantage São João de Angolares im Süden São Tomés zünden ein wahres Geschmacksfeuerwerk. In der Hauptstadt bekehrt Claudio Corallo bei Verkostungen alle Dunkle-Schokolade-Hasser: Bei seiner Schokolade mit Nibs, Orangen oder 100 % Kakao ist alle Bitterkeit ausgemendelt.

2 Der Süden erzählt
Wirf einen Blick hinter die Kulissen: Auf Spaziergängen durch Ponta Baleia, Malanza und Porto Alegre mit Histórias ao Sul, die Touristen und Einwohner zusammenbringen, erfährst du die Storys normaler Inselbewohner: historiasaosul@gmail.com.

3 Wandern im Wunderland
Ganz Príncipe ist Unesco-Biosphärenreservat und ein Regenwald-Trek ein Muss. Ein schönes (und leichtes) Ziel ist der 30 m hohe Wasserfall Oquê-Pipí. Mit Glück hockt beim Bad zu dessen Füßen ein Eisvogel.

4 Pico Cão Grande
Die Basaltnadel des Pico Cão Grande im Süden von São Tomé ragt Hunderte von Metern aus einem Ölpalmen-Forst hervor wie ein riesiger Fels-Phallus. Vor Millionen von Jahren schon ist die Lava dieses Vulkanschlots erkaltet, heute ist er oft in einen geheimnisvollen Nebel gehüllt.

5 Geografischer Nullpunkt
Die Ilhéu das Rolas vor der Südspitze São Tomés ist dem Schnittpunkt von Nullmeridian und Äquator am nächsten. Auf einer Mosaik-Weltkarte kannst du mit einem Bein in der nördlichen und einem in der südlichen Hemisphäre stehen. **INSIDER TIPP** Wer mit GPS-Gerät unterwegs ist, stellt fest, dass der Äquator tatsächlich auf dem Trail neben dem Dorf verläuft.

6 Strände auf Príncipe
Am traumhaften Banana Beach im Norden von Príncipe wurde sogar mal ein Bacardi-Clip gedreht. Aber auch die anderen Strände der Insel sind top: feinsandig, türkisfarbenes Wasser, kein Mensch da. Nichts wie hin!

• • • • SÃO TOMÉ UND PRÍNCIPE • • • • • • • • • • • • • • • •

Hauptstadt: São Tomé
Sprache: Portugiesisch
Einwohner: rund 220 000
Währung: Dobra
Anreise: TAP und STP Airways fliegen den Inselstaat über Lissabon an. Verbindungen zwischen São Tomé und Príncipe bestehen mehrmals in der Woche mit STP Airways.
Mehr Infos: www.visitsaotomeprincipe.st

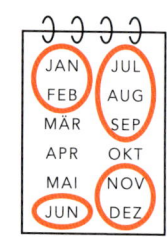

€€€

JAN	JUL
FEB	AUG
MÄR	SEP
APR	OKT
MAI	NOV
JUN	DEZ

€€

€

BESTE REISEZEIT   **BUDGET SKALA**

Die Samen der hier geernteten Kakaofrüchte sind das Rohmaterial für eine der besten Schokoladen der Welt. Das Geheimnis liegt in der Auswahl und schonenden Verarbeitung der Kakaobohnen.

Bunte Fahnen statt TÜV-Plakette: Da hilft bei mancher Hängebrücke nur noch Beten. Guru Rinpoche hatte es da besser: Der Heilige, der in Bhutan den Buddhismus verbreitete, flog vor 1200 Jahren auf einer Tigerin durchs Land.

60 Jahre lang verfiel der Trans Bhutan Trail und war unbegehbar. Jetzt ist die 400 km lange historische Route wieder offen – und führt durch eine wundersame Bergwelt, in der das Glück zu Hause ist.

BHUTAN

5

Wäre Glück ein Land, wie sähe es dort aus? Wahrscheinlich so: Täler mit rauschenden Flüssen, Berge im XXL-Format und Wälder in allen Grüntönen. Dazu: malerische Klöster mit meditierenden Mönchen und kunterbunte Gebetsfahnen über wackeligen Hängebrücken. Natürlich wäre dem König dieses Landes das Glück seiner Untertanen wichtiger als Geld. Moment mal, so ein Land gibt es doch: Bhutan! Im kleinen Himalaya-Staat ist die Landschaft so gewaltig wie der Himmel hoch und das Glück der Menschen oberstes Staatsziel. Worauf warten? Mach dich auf die Suche nach der Glücksformel – und nimm die Trekkingboots mit. Denn statt mit Flugzeug und Geländewagen kannst du das Land des Don-nerdrachens seit Neuestem wieder auf dem 400 km langen Trans Bhutan Trail durchqueren. Der historische Pilgerpfad zieht sich vom Haa-Tal im Westen wie ein Lindwurm bis nach Trashigang im Osten, vorbei an vielen wichtigen Sehenswürdigkeiten. Es geht rauf und runter, von Tal zu Tal, über steile Pässe und wilde Flüsse, vorbei an einsamen Bergdörfern und prächtigen Klosterburgen (Dzongs). Schon ein halbes Jahrtausend hat der Weg auf dem Buckel. Kaum vorstellbar, dass er bis in die 60er-Jahre die einzige Querverbindung im Land war. Hier trafen eilige Boten auf eifrige Schmuggler, tibetische Krieger auf indische Heilige. Heute sind es vor allem Touristen, die sich auf diesem Weg das Land erschließen – schwitzend, oft müde, aber glücklich.

to do

1 Trekken und Gutes tun
Wenn du auf dem Trans Bhutan Trail wanderst, unterstützt du damit Natur und Mensch. Pro Wanderer wird ein Baum gepflanzt und auf vielfältige Weise die Wirtschaft vor Ort angekurbelt: www.transbhutantrail.com.

2 Feiere den Glücksvogel
Das Land ist nicht mal so groß wie die Schweiz, aber es gibt dort mehr als 740 Vogelarten. Einem davon, dem Schwarzhalskranich, ist im Phobjikha-Tal im November sogar ein eigenes Fest gewidmet, bei dem verkleidete Tänzer über den Klosterplatz wirbeln. Denn in diesem Tal verbringt der Glücksvogel den Winter.

3 Spann den Bogen
Was macht Mann in Bhutan am Sonntagnachmittag? Er geht auf den Schießplatz und spannt seinen Hightech-Bogen. In zwei Gruppen aufgeteilt, zielen die Schützen auf die 145 m entfernte Scheibe. Wer ins Schwarze trifft, dem wird ein Freudentänzchen aufgeführt. Probier's aus – falls du es schaffst, den Bogen zu spannen.

to see

4 Trongsa Dzong
Von den vielen Festungsanlagen entlang des Trails liegt der Dzong von Trongsa am spektakulärsten: auf einem Bergrücken oberhalb einer Schleife des Mangde-Flusses. Bei den vielen Tempeln im Inneren und den bunten Bildern überall kommst du aus dem Staunen nicht heraus.

5 Taktshang (Tigernest)
Bhutans berühmtestes Kloster klebt seit Jahrhunderten wie ein Nest an der Felswand. Rauf kommst du nur mit einem kräftigen Fußmarsch. Doch der Aufstieg lohnt. Entlang des Weges passierst du Gebetsmühlen, Gebetsfahnen, erfrischende Bäche und tolle Aussichtspunkte ins Paro-Tal.

6 Dochu La
Der Dochu La ist ein Pass auf gut 3100 m Höhe zwischen Thimphu und Punakha. Eyecatcher sind die 108 Mini-Stupas, Chörten, die auf einem Verkehrskreisel stehen. Bei gutem Wetter siehst du die schneebedeckten Siebentausender am Horizont, bei Nebel nicht mal die Hand vor Augen.

● ● ● ● **BHUTAN** ●

Hauptstadt: Thimphu
Sprache: Dzongkha
Einwohner: 780 000
Währung: Ngultrum
Anreise: Flugverbindungen nach Paro bestehen über Thailand, Indien und Nepal. Den einen oder anderen Himalaya-Achttausender sieht man beim Flug nach Kathmandu.
Mehr Infos: www.bhutan.travel

JAN	JUL	€€€
FEB	AUG	
MÄR	SEP	€€
APR	OKT	
MAI	NOV	
JUN	DEZ	€

BESTE REISEZEIT **BUDGET SKALA**

Ob die Bewohner von Trongsa ihr Neugeborenes anmelden oder in die Mönchsschule gehen möchten: Immer landen sie im Dzong. Der ist Distriktverwaltung und Kloster in einem.

6

OMAN

Wüsten zum Entschleunigen, Berge
zum Wandern, Buchten zum Schwimmen
und Festungen zum Staunen: Öl war
gestern – Oman hält viel Tolleres bereit,
damit du mal richtig auftanken kannst.

Hand aufs Herz, du hast gerade an „1001 Nacht" gedacht! Muscats Altstadt Mutrah ist ein orientalischer Traum, über den der Ruf des Muezzins zum Gebet weht.

W ie vielseitig darf es sein? Da ist zum Beispiel das sagenhaft weiche Licht der Abendsonne über den Dünen der Wüste. Zu romantisch? Dann eben ein Abenteuer à la Sindbad, das sich hier vor allem im Geländewagen erleben lässt. Oder die weißen Strände tief im Süden, wo einer der drei Heiligen Könige den duftenden Weihrauch her hatte und wo das salzige Wasser des Indischen Ozeans so schön auf der Haut prickelt. Oder doch die imposante Bergwelt mit ihren betörenden Rosengärten, grandiosen Wanderwegen und Schluchten mit versteckten Pools? Und haben wir schon die schönen, nigelnagelneuen Hotels erwähnt? Hätte es die bereits in der Antike gegeben – der Heilige König wäre nie mit dem Weihrauch losgezogen. Das Sultanat ist tief traditionell und weltoffen zugleich. Wie perfekt das zusammengeht? Überzeuge dich 2023 selbst.

Abenteuer à la Sindbad

to do

to see

1 Vorsicht Suchtgefahr
Doch, man kommt sich erstmal komisch vor, denn so ein Ritt auf dem Höckertier ist ungewohnt. Hat man sich aber einmal dran gewöhnt, kann es regelrecht zur Sucht werden. Wenn du es mal ausprobieren willst, buch ein Kameltrekking in der Wahiba-Wüste!

2 Oper im Orient
Da geht man in München oder Wien in die Oper, lässt sich von Aida ins heiße Ägypten oder von Mozart ins liebestolle Serail entführen – und friert sich auf dem Heimweg die Füße ab. Das Programm des Royal Opera House Muscat entführt ebenfalls in höchste Sphären, die laue Luft lässt den Abend anschließend aber wesentlich angenehmer ausklingen.

3 Schwindelfrei?
Solltest du sein beim grandiosen Blick aus 2000 m Höhe in den Grand Canyon – mit bürgerlichem Namen Wadi Nakhar. **INSIDER TIPP** Folge dem *Balcony Walk* hinein in die Steilwand des Wadis. Am besten nachmittags, da ist mehr Schatten.

4 Festung Jabreen
Was müssen die Kinder des Imams vor 300 Jahren für einen Spaß gehabt haben, wenn sie hier in den verwinkelten Gängen und Kammern Verstecken gespielt haben. Da findet dich so schnell keiner! Ob die Kleinen wohl ein Auge hatten für die schönen Wandmalereien und Fresken, die ihr Vater hatte auftragen lassen?

5 Fjorde von Musandam
Hast du schon mal Delfine gesehen? Was für ein Glücksmoment, diese fröhlichen Schwimmer aus den Wellen springen zu sehen. Und das ist nur eines der fulminanten Naturschauspiele bei einem Bootsausflug in die fjordartigen Buchten Musandams.

6 Beduinensupermarkt
Was für ein tolles Tohuwabohu mit Ziegen, Schafen und Kamelen, die um die Wette blöken, meckern oder brüllen, wenn sie per Seilzug auf den Pickup verladen werden. Mitten hinein in den Alltag der Beduinen geht's immer donnerstags auf dem Wochenmarkt in Sanaw.

• • • • OMAN •

Hauptstadt: Muscat
Sprachen: Arabisch und Englisch
Einwohner: 5,1 Mio.
Währung: Omanischer Rial
Anreise: Mit Oman Air oder Lufthansa gehen regelmäßig Flüge ab München oder Frankfurt zum Internationalen Flughafen der Hauptstadt.
Mehr Infos: www.visitoman.om

BESTE REISEZEIT

BUDGET SKALA

Dass die Wüste nur einen Kamel-sprint entfernt ist, kann man sich im Wadi Shab gar nicht vorstellen. Wasser ist Leben – und beschert im Oman Reisehöhepunkte.

Open Air und Spaß dabei: Viele neue Parks und Grünflächen haben in New York die Lust aufs große Draußen noch weiter befeuert.

Wir haben wieder Lust auf urbane Abenteuer! Kein Ort erfüllt diese Sehnsucht besser als New York. Und: Die Mutter aller Skylines hat sich auch ein bisschen neu erfunden. Also schnell hin, bevor die Massen wieder kommen.

NEW YORK

7

Eins wird dir beim Tigern durch die Hochhausschluchten sofort auffallen: Es gibt mehr Platz für Menschen an der frischen Luft! In den vergangenen Jahren wurde die sonst vor Leben nur so sprühende Metropole zum Innehalten gezwungen. Die New Yorker aber drückten nicht einfach die Pausetaste, sondern nutzten die Zeit mit beeindruckender Widerstandskraft auch zur Neuerfindung. Viele Straßen werden jetzt abends und am Wochenende für den Verkehr gesperrt, die Lokale stellen Tische und Stühle raus – und los geht das Fest. „Wie in Paris", schwärmen die New Yorker. Für das Party-Hopping schnappst du dir am besten ein Leihfahrrad und klapperst damit auch gleich die vielen neuen Parks direkt am Wasser ab. Und auch wenn du Manhattan von oben schon gesehen hast: Die spektakulären und garantiert Insta-tauglichen neuen Aussichtsplattformen werden dir den Atem rauben. New York hat einiges durchgemacht, aber die Liebe der New Yorker zu ihrer Stadt ist währenddessen nur noch gestiegen – und diese ganz spezielle Atmosphäre wirst auch du spüren!

Tische und Stühle raus – und los geht das Fest

to do

1 Ganz hoch hinaus!

Empire State & Co. haben Konkurrenz bekommen: vom SUMMIT One Vanderbilt oder von The Edge mit seiner spitz zulaufenden Terrasse hast du einen umwerfenden Blick über die Metropole. Wer so richtig mutig ist, stellt sich dorthin, wo der Boden der Terrasse aus Glas ist.

2 Aufs Fahrrad schwingen

Auch dem Radfahren hat die Pandemie einen Schub verpasst: Das Netzwerk an Radwegen ist weiter ausgebaut worden, und Leihfahrräder gibt es jetzt fast an jeder Ecke – sogar Elektro! Also Helm auf und losgeradelt, vor allem entlang des Hudson River an der Westseite Manhattans.

3 Essen per Instagram

Kreativ durch die Krise: Viele Köche und Bäcker haben sich selbstständig gemacht und bieten ihre Köstlichkeiten aus aller Welt via Instagram zum Liefern oder Abholen an. Allein die Bilder machen Appetit – schau mal bei Dacha 46, Zaza Lasagna oder den Donuts von Kora vorbei.

to see

4 Little Island

Nicht nur einen Park, gleich eine ganze Park-Insel hat der Medien-Mogul Barry Diller den New Yorkern auf Stelzen in den Hudson River gebaut, Ausblicke auf die Skyline inklusive. **INSIDER TIPP** Den besten Blick auf Little Island hast du vom Pier 57 nebenan, da gibt es nämlich gleich den nächsten kostenlosen Park.

5 Hispanic Society

El Greco, Velázquez, Goya – all diese großen Meister kannst du nicht nur im Prado in Madrid bestaunen, sondern auch in der weniger berühmten, aber wunderschönen Hispanic Society, und die hat 2023 nach langer Renovierung endlich wieder auf.

6 Dimes Square

Wo Canal Street, East Broadway und Essex Street sich treffen, da ist Dimes Square. Der Name ist neu und die Ecke extrem angesagt – vor allem seit sie abends für den Verkehr gesperrt wird. Dann werden Tische und Stühle rausgestellt, die Musik aufgedreht und es ist Party-Time.

● ● ● **N E W   Y O R K** ● ● ● ● ● ● ● ● ● ● ● ● ● ● ● ●

Land: USA
Sprache: Englisch
Einwohner: rund 8 Mio.
Währung: US-Dollar
Anreise: Mit dem Flieger zu den Flughäfen Newark oder John F. Kennedy
Vor Ort unterwegs: Per Leihfahrrad von Citi Bike (für das du eine Kreditkarte brauchst)
Mehr Infos: https://de.nycgo.com

€€€

JAN	JUL
FEB	AUG
MÄR	SEP
APR	OKT
MAI	NOV
JUN	DEZ

€€

€

BESTE REISEZEIT   **BUDGET SKALA**

Empire State & Co. haben Konkurrenz bekommen

Und plötzlich fehlt der Boden unter den Füßen – The Edge ist eine der spektakulären neuen Aussichtsterrassen des Big Apple.

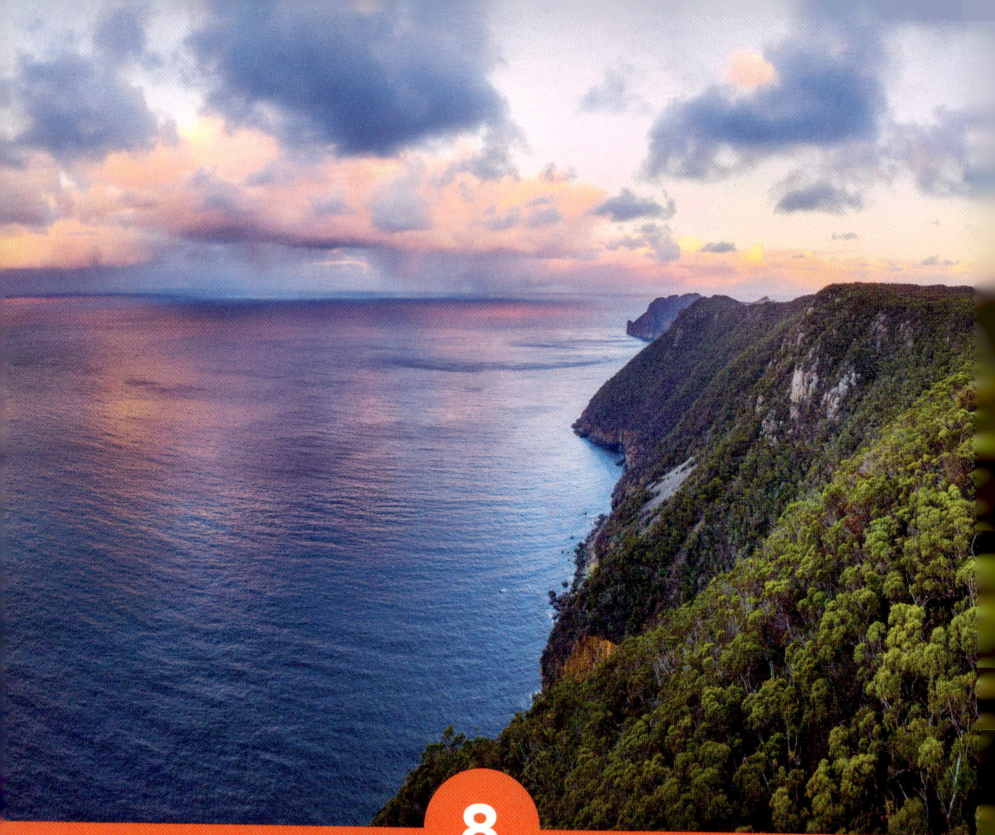

8

TASMANIEN

Australiens grünes Naturparadies ist geradezu unaustralisch klein. Erstaunlich, was trotzdem alles reinpasst: 19 National-parks, ein Weltnaturerbe, Berge, Seen, Wandertrails ... und erst die Tierwelt!

Zu Fuß ans Ende der Welt: Der spektakuläre Three Capes Track verbindet die drei höchsten Klippen der Südhalbkugel Cape Pillar, Cape Raoul und Cape Hauy.

Nichts weniger als das „weltweite Zentrum für Naturtourismus" möchte Tasmanien werden. Große Töne. Aber wer die großartige Tasmanian Wilderness World Heritage Area sein Eigen nennt, darf selbstbewusst sein. Das Unesco-Welterbe wächst immer weiter über die Insel unter Down Under und umfasst mittlerweile eine Fläche so groß wie Schleswig-Holstein. Ob wir das Jahr 2023 vor oder nach Christus schreiben: Das lässt sich hier unter den höchsten Eukalyptusbäumen der Welt, zwischen rauschenden Wasserfällen und schläfrigen Wombats nicht so genau ausmachen. Alles ist ursprünglich wie eh und je – und soll es bleiben. Nur der Zugang wird erleichtert, auch zu den versteckten steinalten Schätzen der Ureinwohner. Vergiss dabei nicht, auch den jüngeren Perlen „Tassies" Aufmerksamkeit zu schenken. Wie Blauer Eukalyptus schießen seit einiger Zeit Spitzen-Restaurants, experimentierfreudige Brauereien und Gin-Brennereien aus dem Boden. Blick auf die Berge, frische Auster auf der Zunge: Wie soll man es den Tasmaniern da krummnehmen, dass sie das restliche Australien als „Nordinsel" abtun?

to do

1 Von Kap zu Kap
Man darf es ruhig so sagen: Hier liegt das schönste Kap der Welt! Aber Moment mal, welches von den dreien eigentlich – Cape Raoul, Cape Pillar oder Cape Hauy? Das darfst du selbst entscheiden, während du den sensationellen Three Capes Track wanderst. Unbedingt frühzeitig anmelden!

2 Gin kosten und brennen
Drei Buchstaben, bei denen sich manch einer die Lippen leckt. Schon mal selbst Gin gebrannt? Nein? Dann melde dich für eine der Masterclasses in Tassies lokalen Brennereien an, etwa in der Lark Distillery oder beim Institut Polaire in Hobart. Oder mach's dir einfach zur Verkostung gemütlich.

3 Rauf auf den Kunanyi
Mount Wellington hieß er früher, aber wie viele Orte Australiens kehrte auch Hobarts Hausberg jüngst zu seinem indigenen Namen zurück. Vom Gipfel blickst du über die Stadt bis zur Küste und nach Bruny Island. Es gibt einen Bus, aber spannender ist die Tour zu Fuß oder per Rad.

to see

4 Maria Island
Keine Straßen, kaum bebaut – die kleine Insel vor der Ostküste ist der ultimative Abstecher in Australiens freie Wildnis. Du teilst sie mit Wombats, Kängurus, Tasmanischen Teufeln und, nun ja, auch ein paar Schlangen. Also bring feste Schuhe mit!

5 MONA
Eine Maschine, die die menschliche Verdauung imitiert und Essen in Kot verwandelt: Das soll Kunst sein? Das unterirdische Kunstmuseum in Hobart ist so faszinierend wie verstörend. Gesehen haben muss man es dennoch. **INSIDERTIPP** Zum Winterfest Dark Mofo springen alljährlich Hunderte splitternackt in den eiskalten Derwent River. Du darfst mitmachen!

6 The Tarkine
Als letzte Wildnis bezeichnet sich die praktisch unberührte nordwestliche Ecke Tasmaniens. Und tatsächlich findest du hier Tiere und Pflanzen, die es nirgendwo anders gibt. Bring das Zelt mit oder mach es dir in einer der Öko-Cabins gemütlich.

• • • TASMANIEN •

Land: Australien
Hauptstadt des Bundestaates: Hobart
Sprache: Englisch
Einwohner: 540 800
Währung: Australischer Dollar
Anreise: Mit der *Spirit of Tasmania* von Melbourne nach Devonport oder mit dem Flieger ab Melbourne nach Hobart oder Launceston
Mehr Infos: www.discovertasmania.com.au

		€€€
JAN	JUL	
FEB	AUG	
MÄR	SEP	€€
APR	OKT	
MAI	NOV	
JUN	DEZ	€

BESTE REISEZEIT   **BUDGET SKALA**

Let the evening beGIN … zum Beispiel in The Glass House direkt am Pier von Hobart oder in einer der vielen kleinen Brennereien, die den Trunk zum Elixier erhoben haben.

9

ÄGYPTEN

Ägypten ist ein riesiges Freilichtmuseum, das
ständig expandiert. 2023 gibt es sensationell
Neues zu erkunden: Eines der größten
Museen der Welt öffnet bis dahin seine
Pforten, und das ist längst nicht alles.

20|23.

Walk like an Egyptian ..." Und schon hat man ein Bild vor dem inneren Auge. Die Wandmalereien von Tänzerinnen, die die Bangles zu dem Song inspirierten, kannst du in vielen pharaonischen Bauwerken bestaunen. Das Land am Nil ist eine der Traumdestinationen, die man einmal im Leben besucht haben sollte. Die Pyramiden von Gizeh (das letzte Weltwunder der Antike!), das Tal der Könige und Abu Simbel sind die Must-sees, aber da ist so viel mehr. Alexandria etwa, das den verwitterten Charme einer einst kosmopolitischen Hafenstadt verströmt. Fürs bequeme Pharaonen-Hopping bucht man die Nilkreuzfahrt von Luxor nach Assuan, außer man will am Roten Meer Sonne, Sand und Wellen genießen. Auch das tun viele, die sich obendrein über die günstigen Preise freuen und von den Badeorten aus Kulturausflüge unternehmen können. Also *yalla, yalla*, wie man hier sagt. Los geht's!

Das letzte Weltwunder

to do

1 Alte Zähne, tolle Aussichten

Beim Basarbummel durch die Altstadt Kairos steigst du im Stadttor Bab Zuweila die Minarette hoch. Haben's die vielen Stufen nicht geschafft, raubt dir das Panorama hier oben, das bis zu den Pyramiden reicht, den Atem. **INSIDER TIPP** ▸ Skurriles nach dem Abstieg: Schau in die Vitrinen mit Gebissen und Zähnen, im Volksglauben Glücksbringer.

2 Tahina und Täubchen

Der Kopf am Abend voller Eindrücke, der Magen leer. Schon mal gefüllte Täubchen probiert? Neben dem Bohnenbrei Foul oder, zum Tunken, der Sesamcreme Tahina ist das zarte Geflügel eine der Spezialitäten im Abou el Sid (3x in Kairo).

3 Da gehst du in die Luft!

Einfach mal abheben. Das geht in Luxor. Frühmorgens steigen auf der westlichen Nilseite die bunten Heißluftballons auf. Den Blick über das Tal der Könige, den Hatschepsut-Tempel, den Nil und bis weit in die Wüste wirst du nie wieder vergessen.

to see

4 Grand Egyptian Museum

Wenn du von den Gizeh-Pyramiden kommst, lass die Laufschuhe an. Du brauchst sie für eines der weltgrößten Museen. Das absolute Highlight in dem spektakulären Neubau sind Totenmaske und Goldschätze aus Tutanchamuns Grab.

5 National Museum of Egyptian Civilization

Schon mal zur Audienz bei Königen gewesen? Die Mummies Hall des Museums in Al-Fustat macht's möglich, ganz ohne Hofknicks: Hier ruhen 20 Mumien so großer Pharaonen wie Ramses II. und der Herrscherin Hatschepsut. In Vitrinen funkeln Juwelen, Münzschätze und der Goldsarg des Priesters Nedjemankh.

6 Sphinx-Allee

Was ist schon ein halbes Jahrhundert in Ägypten? So lange dauerten die Ausgrabungen des prachtvollen Prozessionswegs, auf dem einst Pilger vom Luxor- zum Karnak-Tempel zogen. Über 3 km geht es vorbei an Hunderten pharaonischen Skulpturen.

ÄGYPTEN

Hauptstadt: Kairo
Sprache: Arabisch
Einwohner: 107 Mio.
Währung: Ägyptisches Pfund
Anreise: Täglich gehen Flüge etwa nach Kairo, Luxor, Hurghada oder Sharm-el-Sheikh.
Visum: Am Flughafen oder über www.visa2egypt.gov.eg
Mehr Infos: www.egypt.travel

	€€€
JAN	JUL
FEB	AUG
MÄR	SEP	€€
APR	OKT
MAI	NOV
JUN	DEZ	€

BESTE REISEZEIT   **BUDGET SKALA**

Ein Bummel wie
eine Zeitreise:
Rund um das Bab
Zuweila im alten
Kairo bieten
Kupferschmiede,
Zeltmacher und
Gewürzhändler
 ihre Waren an.

Mit dem Fahrrad zum Tango: Auf der Plaza Dorrego in San Telmo wird täglich unter freiem Himmel getanzt. Am Sonntagabend darf jeder mitmachen.

Neue Radrouten durch alte Stadtteile, frische Street-Art und eine Einladung an digitale Nomaden: Die Geburtsstadt des Tango vernetzt schwungvoll Alt und Neu.

BUENOS AIRES

10

Die Trendmetropole hat sich zukunftsfit gemacht: Ganze Bahnlinien wurden hoch- und der Schwerverkehr unter die Erde gelegt. Die halbe Stadt ist jetzt von einem Netz aus Radwegen überzogen. An vielen Häusern leuchtet frische Street-Art. Zu den Must-see-Vierteln wie San Telmo, La Boca und Palermo haben sich weitere spannende Stadtteile hinzugesellt: das Diplomatenviertel Belgrano etwa, Barracas mit dem größten Wandgemälde der Welt, Colegiales mit seinem riesigen Mercado de Pulgas, Villa Crespo mit dem Café Sanber oder Chacarita. Neu ausgearbeitete Radrouten führen zu den versteckten Attraktionen. Neuankömmlinge sind in Argentinien seit jeher willkommen, aber 2023 legt sich Buenos Aires noch mal richtig ins

Zeug: Zehntausende digitale Nomaden sollen kommen. Dafür werden Visaverfahren vereinfacht, moderne Co-Livings und riesige Co-Working-Spaces eingerichtet, darunter das mit 40 Stockwerken höchste WeWork in Lateinamerika. Perfekt für die kreative Vernetzung. Da wird aus Vacation schnell Workation. Und aus Buenos Aires ein neues Zuhause.

An vielen Häusern leuchtet Street-Art

to do

1 Street-Art per Rad

Mit den günstigen Leihfahrrädern von Ecobici kannst du auf neuen Radwegen durch die Stadt strampeln. Am besten am Wochenende, da kommt die Stadt zur Ruhe. Neue Routen führen zu schillernder Street-Art und durch die angesagten Viertel. Schau auf https://turismo.buenosaires.gob.ar/es unter „Pedaleando BA".

2 Tanzen, bis es kracht

Tanzschuhe an! Für ein Erlebnis der anderen Art. Immer montags bringt die Kombo La Bomba del Tiempo im Centro Cultural Konex in Almagro Fans aus aller Welt zum Tanzen. Nur durch Trommeln! Danach tanzen alle durch die Straßen in eine Bar, in der weitergefeiert wird.

3 Wundervolle Wasserwege

Vor den Toren von Buenos Aires verzweigt sich der mächtige Río Paraná in ein gigantisches Naturparadies aus Wasserwegen und Inseln. Mit den Einheimischen besteigt ihr ein Busboot, um euch in diesem wundervollen Wasserlabyrinth zu verlieren.

to see

4 Los Bares Notables

Die Bars und Cafés von Buenos Aires sind eine Welt für sich. 82 sind zum Kulturerbe der Stadt erklärt worden. Zu Recht! Jede davon atmet Geschichte. Bis zu 170 Jahre sind sie alt und eine schöner als die andere.

5 Palacio Barolo

Schon jedes Gebäude gesehen? Eines wie dieses sicher nicht. Mit Strickwaren verdiente Luis Barolo die Millionen, mit denen er diesen Palast bauen ließ. Er ist von Dantes „Göttlicher Komödie" inspiriert: Die 100 m Höhe symbolisieren die 100 Gesänge, die 22 Etagen Hölle, Fegefeuer und Himmel. **INSIDER TIPP** ▶ Auf einer Tour trittst du in der Hölle ein und kommst im Himmel wieder raus – und hast einen Blick bis Montevideo.

6 Mercado de los Carruajes

Historisch, top saniert und ein Foodie-Paradies! Im Markt parkten früher die Kutschen der Präsidenten. Nun wird an den 42 Ständen international gegessen – am schönsten auf der Terrasse mit Cerveza Artesanal.

BUENOS AIRES

Land: Argentinien
Sprache: Spanisch
Einwohner: 13 Mio.
Währung: Argentinischer Peso
Anreise: Verbindungen bestehen allabendlich von allen europäischen Großflughäfen.
Vor Ort unterwegs: Sehr günstig mit Bus, U-Bahn, Taxi und Leihfahrrad
Mehr Infos: https://turismo.buenosaires.gob.ar

€€€

JAN	JUL
FEB	AUG
MÄR	SEP
APR	OKT
MAI	NOV
JUN	DEZ

€€

€

BESTE REISEZEIT **BUDGET SKALA**

Historisch, top saniert und ein Foodie-Paradies!

Keine Frage, in Argentinien gibt es die besten Steaks der Welt. Im Mercado de los Carruajes werden aber auch Vegetarier glücklich.

Sand nicht nur am Strand: Abseits der Hauptstraßen bestehen die Pisten im ländlichen Mosambik oft aus nichts anderem. Allrad-Antrieb hilft hier enorm!

Mosambik, das klingt nach Sonne, Strand und Palmen. Bob Dylan hat das fantasievoll besungen – obwohl er nie da war. Sonst hätte er gewusst, dass das Land im Südosten Afrikas auch Wanderabenteuer und Safari kann.

MOSAMBIK

11

Andere Länder, andere Gefahren: Auf der neuen Teerstraße, die die Hauptstadt Maputo mit der südafrikanischen Grenze bei Kosi Bay verbindet, schubst ein massiger Elefant mühelos ein kleines Auto um. Zum Glück ist es nur der Elefant im roten Dreieck eines Warnschilds – aber wer es nicht wusste, ahnt spätestens jetzt, dass ein Crash mit einem Dickhäuter keine gute Idee, sondern eine echte Gefahr ist. Die Lösung: Entschleunigen. Macht sich in Mosambik ohnehin ganz gut. Also runter vom Asphalt und rauf auf die Sandpisten der Reserva Especial de Maputo. Wo in den Wirren des Bürgerkriegs bis 1992 bewaffnete Banden nahezu sämtliches Großwild niedermetzelten, begann die Naturschutzbehörde vor gut einem Jahrzehnt mit der Wiederansiedlung von Gnu, Zebra & Co. Mutter Natur soll in der Region wieder was zu sagen haben, sogar über Grenzen hinweg. Der Park ist Teil der Lubombo Transfrontier Conservation Area, die sich bis in die Nachbarländer Südafrika und eSwatini erstreckt. Und mehr noch: Auch der Meeresstreifen vor der Küste ist geschützt, statt Eierdieben begegnen die Meeresschildkröten hier schnorchelnden Urlaubern. Die Masche hat Methode: Der gemeinsame Naturschutz bringt die Länder der Region zusammen, als Tourist bringst du das dafür nötige Kleingeld mit – und bekommst gerade jetzt, da sich das Land dem Tourimus öffnet, noch Abenteuer gaaanz weit weg von ausgetretenen Pfaden. Also nichts wie hin!

to do

to see

1 Jetzt wird's wild

Bis auf 1630 m Höhe führt die Wanderung zur Berghütte in der Chimanimani Transfrontier Conservation Area, die sich Mosambik mit Simbabwe teilt. Die Nacht kannst du auch in einer von zwei Höhlen oder wild campend verbringen, Abkühlung am Wasserfall inklusive.

2 Farbflash unter Wasser

Taucherbrille auf und rein in die 360-Grad-Unterwasserreportage in Echtzeit. Die Riffe vor dem exklusiven Strandcamp Anvil Bay in der Reserva Especial de Maputo wimmeln von Papageienfischen, Meeresschildkröten und Korallen, die keine Jumbopackung Buntstifte nachmalen kann.

3 Best Prawns in Town

Mosambik ist Garnelenland, mindestens das gesamte südliche Afrika bedient sich hier. Aber am besten schmecken die Schalentierchen frisch aus dem Meer, gegrillt und verfeinert mit den Gewürzen, die die Portugiesen einst mitbrachten, in einer Beachbar. Zugreifen!

4 Parque Nacional do Zinave

Ein Nationalpark als laufende Renaturierung: Seit April 2022 sind die Nashörner zurück in Zinave, mehr als 40 Jahre nach ihrer Ausrottung. Löwen, Büffel, Elefanten und Leoparden wurden in den vergangenen Jahren ebenfalls wieder ausgewildert. Also Kamera raus und Heia Safari im Geländewagen!

5 Bazaruto Archipelago

Sandstrände bis zum Abwinken, türkisblaues Wasser und lässige Strohhütten – die Inseln des ebenfalls als Nationalpark geschützten Archipels erfüllen jegliches Südseeklischee. Dicker und knuffiger Bonus: Hier lebt die letzte Dugongpopulation Afrikas.

6 Maputo

Bröckelnde Kolonialzeitpracht verleiht der Landeshauptstadt einen elegant-morbiden Hauch von Havanna. **INSIDER TIPP** Must-have beim Schlendern durch die revolutionär benannten Avenidas: eine Kokosnuss, die der Straßenhändler mit der Machete frisch aufschlägt, als Drink to go.

••• **MOSAMBIK** ••••••••••••••••••••••••••••

Hauptstadt: Maputo
Sprachen: Portugiesisch (Amtssprache), Makua, Shangaan und weitere Bantusprachen
Einwohner: 31 Mio.
Währung: Metical
Anreise: Per Flug zum Maputo International Airport (MPM)
Mehr Infos: www.tfcaportal.org; www.anac.gov.mz

		€€€
JAN	JUL	
FEB	AUG	
MÄR	SEP	€€
APR	OKT	
MAI	NOV	
JUN	DEZ	€

BESTE REISEZEIT   **BUDGET SKALA**

Eine gute Portion Garnelen vom Grill, Alibi-Salatbeilage dazu, fertig ist das Festmahl! Seafood ist das Highlight Nummer eins auf Mosambiks Speisekarten.

Fehlt eigentlich nur noch, dass Mogli und Balu über den Balkon spazieren. Grün genug wäre es im Parkroyal on Pickering.

Schon mal in die Zukunft geblickt? Nein? Dann ab nach Singapur! Die Löwenstadt hat sich vorgenommen, die grünste Megacity der Welt zu werden – mit futuristischen Gärten und Wolkenkratzern im Dschungellook.

SINGAPUR

12

Früher machten Asienfans gern einen großen Bogen um Singapur. Zu sauber, zu modern, zu viele Verbote. Dieser Reflex ist längst Geschichte. Heute wird der smarte Inselstaat millionenfach angesteuert, um zu shoppen, zu schlemmen – und um zu schauen, wie er sich wieder einmal neu erfindet. Vor allem das jüngste Projekt hat das Zeug dazu: Singapur will die grünste Millionenmetropole der Welt werden. Dazu holen die Singapurer die Natur zurück in die Stadt. Sie verwandeln öde Parkdächer in Gemüsebeete, einstige Steinbrüche in grüne Hideaways und Hochhausfassaden in hängende Gärten. Wie etwa beim Parkroyal on Pickering, einem Fünfsternehotel zwischen Chinatown und Singapore River, wo die Dschungelbäume von den Balkonen wachsen. Oder beim Oasia Hotel Downtown, das wie eine überwucherte Zigarre im Großformat gen Himmel ragt. Und sie ringen dem Meer neues Land ab: Wie bei den Gardens by the Bay, die mit den futuristischen Super Trees und gürteltierartigen Gewächshäusern Singapurs grünster Publikumsmagnet sind. Mehr Zeit als den Parks widmen die Singapurer nur noch ihrer anderen Lieblingsbeschäftigung: dem Essengehen! Einfach mal in eines der mehr als 100 Hawker Centres eintauchen, die sich über die Stadt verteilen. Von außen sind diese Futterhallen völlig unspektakulär. Aber im Inneren bieten zig Garküchen eine sensationelle Vielfalt an Gerichten. Manche sind so gut, dass sie sogar die Tester des Michelin-Guides überzeugten.

to do

1 Futtere dich durch Fernost

Auch wenn du nur einmal an jedem Stand im Amoy Street Food Centre essen wolltest – du bräuchtest Wochen. Im schickeren Teil der Chinatown gelegen, gibt es in der frisch sanierten 80er-Jahre-Halle asiatische Straßenküche vom Feinsten. Und zum Runterspülen einen Kopi, dick-süßer Kaffee, bei Coffee Break.

2 Tour de Singapur

Radfahren in Singapur? War bislang nicht gerade angesagt. Aber das ändert sich. An vielen Orten gibt's nun Leihräder, mit denen du seit 2022 auch ein 75 km langes Teilstück der sogenannten „Round Island Route" radeln kannst – durch viele Parks und immer wieder mit tollem Meerblick.

3 Sundowner hoch oben

Der Skypark auf dem Dach des Marina Bay Sands ist die Nummer eins, aber auch andere Rooftop-Bars haben einen Hammerblick. Etwa Mr. Stork auf dem Dach des Andaz Hotels. Bis du mit dem Rundumblick fertig bist, ist das Glas schon wieder leer.

to see

4 Asien im Taschenformat

Halb Asien ist in Singapur zu Hause. Du musst nur mal durch Little India schlendern, durch Chinatown mit den typischen Shophouses oder durch Kampong Glam, wo sich im Schatten der Sultan-Moschee muslimisch-malaysisches Flair ausbreitet.

5 Jewel Changi

Am Flughafen ankommen und dann schnell weg? Nicht in Singapur! Dort kannst du im Jewel Changi, einer gigantischen Glaskuppel hinterm Terminal 1, einen 40 m hohen Indoor-Wasserfall bestaunen und durch ein Stück Urwald schlendern. Shoppen und Schlemmen geht natürlich auch.

6 Raffles Singapore

Ein Haus mit Geschichte: Singapurs Hotelikone an der Beach Road. In dem neu renovierten, schneeweißen Kolonialbau übernachten ist nur etwas für Superreiche, alle anderen können es in der legendären Long Bar krachen lassen. Hier hat der Barkeeper Ngiam Tong Boon 1915 den berühmten Singapore Sling kreiert.

• • • • **SINGAPUR** ▸ •

Land und Hauptstadt: Singapur
Sprachen: Englisch („Singlisch") und Mandarin
Einwohner: 5,5 Mio.
Währung: Singapur-Dollar
Anreise: Von vielen europäischen Metropolen gibt es Direktflüge nach Singapur, von Deutschland etwa ab Frankfurt, München und Düsseldorf.
Mehr Infos: www.singapur-magazin.de

		€€€
JAN	JUL	
FEB	AUG	
MÄR	SEP	€€
APR	OKT	
MAI	NOV	
JUN	DEZ	€

BESTE REISEZEIT   **BUDGET SKALA**

Rushhour im Hawker Centre: Essen holen, Platz suchen. Fragt sich nur, was auf den Tisch kommt. Die Auswahl an Garküchen ist riesig.

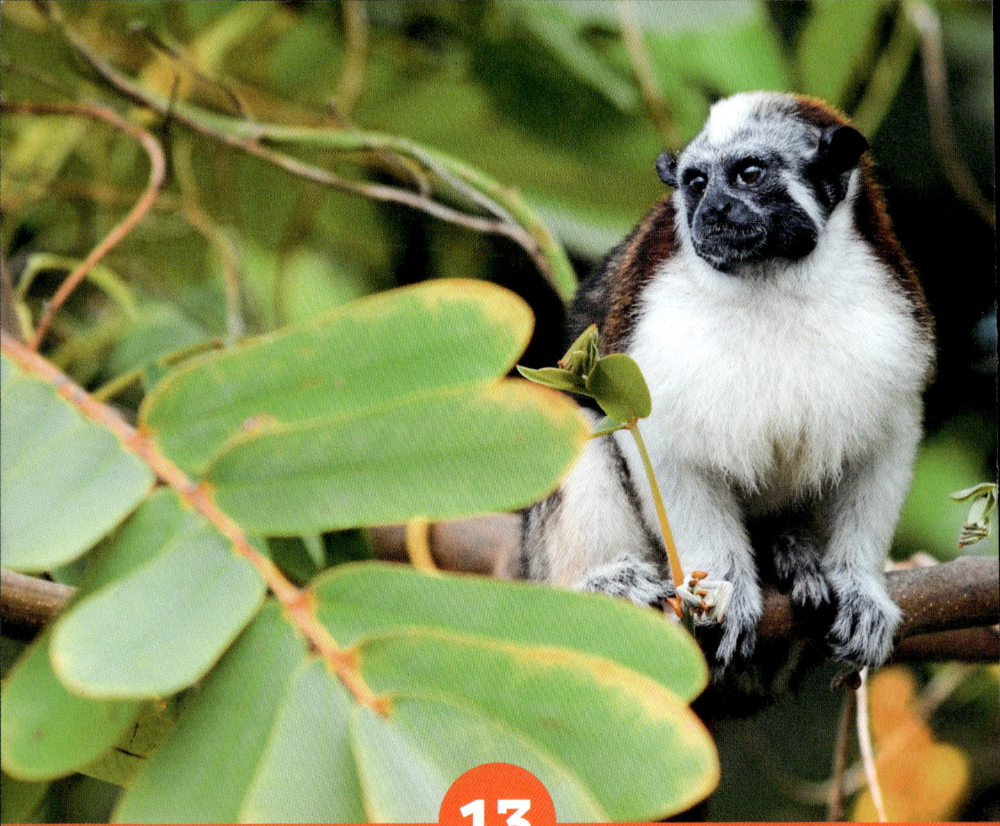

13

PANAMA

Regenwald, Karibikinseln, exotische Tiere,
eine schillernde Unterwasserwelt und
eine aufregende Metropole. Plus: der
Panamakanal, eine der größten Ingenieur-
leistungen des vergangenen Jahrhunderts.

Panama ist schön! Das weiß doch jedes Kind. Und trotzdem ist es als Reiseziel noch eher unentdeckt. Fragt sich nur warum? Panama-Stadt ist eine echte lateinamerikanische Megacity mit Geschichte, Charme und prallem Leben. Große Ingenieurskunst kannst du am Panamakanal bewundern, aber wusstest du, dass du die ruhigen Seitenarme des Kanals mit ihrer fantastischen Tierwelt im Kanu erkunden kannst? Du willst lieber abtauchen? Mit sensationeller Unterwasserwelt, weißem Sand und viel, viel Sonne sind die Inseln der Bocas del Toro, die Isla Contadora und San Blas schnell deine Trendziele 2023. Oder fahr dahin, wo der Kaffee wächst: Ins Hochland mit aufregenden Trekkingrouten. Dunkelgrüne Urwälder, Vulkane, Tiere in freier Natur, Mangroven und Hunderte von Inseln bieten so viel Abwechslung, dass dir schnell klar wird: Hier muss ich noch mal herkommen!

... und viel, viel Sonne

to do

1 Schnorcheln im Paradies
Das kristallklare Wasser und die fischreichen Korallen vor den San-Blas-Inseln werden dir den Atem rauben. Okay, der Archipel ist nicht leicht zu erreichen – am besten buchst du eine Tour –, dafür ist Massentourisms hier ein Fremdwort.

2 Auf den Krater hinauf
Erloschen ist der Vulkan Barú schon lange. Wenn du dich also aufmachst, den 3475 m hohen Koloss zu erklimmen, erwarten dich statt Lava und Rauch fantastischer Nebelwald mit Affen und wildem Kaffee und als Belohnung mit etwas Glück der Blick auf beide Weltmeere!

3 Paddeln am Panamakanal
Durchschwimmen, wie es 1928 der Journalist Richard Haliburton tat (gebraucht hat er 10 Tage), darfst du heute nicht mehr. Aber du kannst den Schleusenvorgang aus der Nähe bestaunen, ein echtes Erlebnis, oder im Tourboot durch den Panamakanal schippern. Und auf dem verzweigten Lago Gatún kann man sogar paddeln.

to see

4 Panama-Stadt
Eine ultramoderne Skyline, gleich daneben die hübsche Altstadt, der Casco Viejo, dazu eine tolle Gastroszene. **INSIDER TIPP** Und wo sonst gibt es einen Stadtpark, der ein Regenwald ist, mit Papageien, Faultieren und einem Waldlehrpfad mit Aussichtspunkt?

5 Bocas del Toro
Die Bocas bestechen durch ihr karibisches Flair. Das Leben geht hier gute zwei Stufen langsamer als im Rest der Landes, Haupttransportmittel ist das Boot. Abkühlung von der tropischen Hitze ist hier ganz einfach: Die größten Attraktionen liegen eh unter Wasser.

6 Azuero
Du hast genug vom Trubel der Hauptstadt? Dann mach dich auf in den Süden zur Azuero-Halbinsel. Deren Bewohner sind stolz auf ihr spanisches Erbe. Besuche schmucke Kolonialdörfer und erlebe die Traditionen der Mestizo-Kultur. Richtig rund geht es hier zum Karneval!

• • • • • **PANAMA** •

Hauptstadt: Panama-Stadt
Sprache: Spanisch
Einwohner: 4,4 Mio.
Währung: US-Dollar (genannt Balboa)
Anreise: Mit dem Flugzeug über den internationalen Flughafen Tocumen in Panama-Stadt oder auf dem Landweg von Costa Rica
Mehr Infos: www.tourismpanama.com

€€€

JAN	JUL
FEB	AUG
MÄR	SEP
APR	OKT
MAI	NOV
JUN	DEZ

€€

€

BESTE REISEZEIT   **BUDGET SKALA**

Du suchst karibi-
sches Flair? Du
findest es auf den
Bocas! Dass hier
noch dazu eine fan-
tastische Unterwas-
serwelt wartet, hat
sich noch nicht wirk-
lich rumgesprochen.

Warten aufs Dinner: Grizzlies beim Lachsefangen zu beobachten, ist eines der großen Highlights in Alaska. Besonders gut geht das an den Brooks Falls im Katmai National Park.

20|23.

Campen in der Wildnis, Bären gucken oder ein Ritt auf der weltgrößten Gezeitenwelle: Nach zwei Jahren Fernreisepause ist der 50. Bundesstaat der USA genau das richtige Ziel für grandiose Outdoor-Erlebnisse.

ALASKA

14

Alaska. Fröstel, alles voller Eis. Von wegen! Im Sommer hat es schon mal 30 Grad, und bei der ersten Begegnung mit einem Bären bricht garantiert der Schweiß aus. Und Bären gibt es überall. Kleine schwarze entlang der wenigen Highways und sehr große braune im weiten Hinterland. An Platz mangelt es nicht: Der nördlichste Bundesstaat der USA ist fünfmal so groß wie Deutschland und fast menschenleer. Perfekt für einen Campingurlaub in wilder Natur. Schon bei einer Wohnmobil-Fahrt auf die Kenai-Halbinsel lässt sich ganz viel Alaska-Flair schnuppern: Elche stehen in den Tümpeln am Highway, an den Flüssen die Angler, am Horizont ragen mächtige Vulkankegel auf. Auch die Campingplätze bieten ganz viel Raum, Brennholz fürs Lagerfeuer liegt überall bereit – und die Steaks sind alaska-riesig. Die Energie brauchst du aber auch, zum Kanufahren, Schlauchboot-Raften, Gletscherwandern, Wellenreiten oder Dicke-Lachse-Angeln an der frischen Wildnisluft. Da setzt dann schnell der Erholungseffekt ein: Alaska ist ganz weit weg vom Hamsterrad zu Hause.

Perfekt für Camping-urlaub in wilder Natur

to do

1 Die perfekte Welle
Surfen? In Alaska? Echt jetzt? Oh ja! Im Turnagain Arm bei Anchorage kannst du im dicken Neopren Wind- und Kitesurfen. Der Clou ist seit Neuestem echtes Surfen: auf der größten Gezeitenwelle der Welt. Bis zu drei Meter hoch wird die Tidal Bore im Turnagain Arm. Spektakulär!

2 Triff die Riesenbären
An der Südküste Alaskas stopfen sich die Braunbären mit Lachsen voll – und werden gigantisch groß. Aufgerichtet über 3 m. Da ist eine begleitete Tagestour am sichersten: Per Buschflugzeug geht's von Homer aus an die Katmai-Küste.

3 Lachse angeln
Na klar, ein Lachsdinner in Alaska muss sein. Am besten selbst gefangen. Das geht sogar direkt in der Innenstadt von Anchorage. Und zwar im Ship Creek ab Ende Juli. Im Bait Shack bekommst du die Angel und die Lizenz dafür. Das beste Lachsrevier ist der Kenai River auf der Kenai-Halbinsel.

to see

4 Gletscher
Verrückt: Das meiste Eis gibt's im Süden Alaskas. Dort schneit es im Winter am meisten. Die weiße Wunderwelt ist per Boot ganz toll auf einer 26 Glacier Cruise von Whittier aus zu erleben. **INSIDER TIPP** Am Exit Glacier bei Seward kannst du bis direkt an den Fuß der Eiszunge wandern.

5 Nordlichter
Aurora heißen die bunten Himmelslichter auf Englisch – und in Alaska sind sie öfter und besser zu sehen als sonstwo. Nur nicht im Sommer! Zu hell. Ab Mitte August geht's los. In Fairbanks hat Pike's Waterfront Lodge ein neues, verglastes Observatory zum Nordlichtgucken gebaut.

6 Goldgräber-Eisenbahn
Acht Jahre Bauzeit, dann wurde am 15. Juli 1923 der goldene Nagel eingeschlagen: Die Alaska Railroad war fertig. Eine Wildnisroute mit fabelhaften Ausblicken auf die Eisgipfel der Alaska Range. Zum 100. Jubiläum 2023 gibt es Sonderangebote und viele Events.

• • • **ALASKA** • • • • • • • • • • • • • •

Land: USA
Hauptstadt des Bundesstaates: Juneau
Sprache: Englisch
Einwohner: 730 000
Währung: US-Dollar
Anreise: Condor und Eurowings fliegen nonstop in knapp 10 Stunden von Frankfurt nach Anchorage oder Fairbanks.
Mehr Infos: www.travelalaska.com

	€€€
JAN	JUL
FEB	AUG
MÄR	SEP	€€
APR	OKT
MAI	NOV
JUN	DEZ	€

BESTE REISEZEIT **BUDGET SKALA**

Mobiles Heim:
Ein Allrad-Camper
ist das ideale
Gefährt für Alaska,
denn nur wenige
Highways sind so
gut ausgebaut wie
der Richardson
Highway.

Die Medina macht sich hübsch, und Concept-Stores wie die Boutique Le 14 schießen wie Pilze aus dem Boden. Die traditionellen Souk-Geschäfte bleiben trotzdem spannend.

Die Berbermetropole war nie out. Aber der Putz bröckelte und so manches Bauwerk drohte zu zerfallen. Bis jetzt. Marrakesch hat die Zwangspause genutzt, um die Medina komplett zu sanieren.

MARRAKESCH

15

Yves Saint Laurent kam in den 70ern, ihm folgten Mick Jagger und Andy Warhol, heute haben Madonna und Sting hier Villen, 2022 eröffnete Cristiano Ronaldo ein Hotel: Marrakesch ist und bleibt ein Hotspot für die Reichen und Schönen. Wenn man durch die Stadt schlendert, scheinen Glanz und Glamour jedoch weit weg. Die schicken Anwesen stehen nicht im Zentrum, und gefeiert wird *entre eux* in den Clubs der Neustadt. Kenner wissen: Der wahre Zauber liegt über der Medina, der Altstadt. In den Basargassen herrscht fast mittelalterliches Treiben, in den Handwerksbetrieben wird gehämmert und geschnitzt, während Marktstände lebende Hühner verkaufen. Frisch saniert strahlt die Medina mit der Sonne um die

Wette – und auch hier hat ein hipper Vibe Einzug gehalten: Barber-Shops, moderne Galerien, stylishe Concept-Stores und Rooftop-Bars schießen überall aus dem Boden, in Sachen Wohndesign hat Marrakesch schon seit Jahren die Nase vorn. So bleibt die Stadt ständig in Bewegung und auch 2023 ein Dauerbrenner, nicht nur für Jetsetter!

Der wahre Zauber liegt über der Medina

to do

1 Mittenrein ins Spektakel

Am Platz der Geköpften ist Marrakesch am lebendigsten. Also nichts wie rein ins Getümmel des Djemaa el Fna! Zwischen Feuerschluckern und Märchenerzählern, mobilen Zahnärzten und Schlagenbeschwörern spürst du den Puls der Stadt wie nirgendwo sonst.

2 CO$_2$-freies Vergnügen

Stadtrundfahrt mit dem Bus? Gähn. Spaßiger wird's in der Pferdekutsche! Gleich bei der Koutoubia warten sie auf dich. Und dann geht's los: Klick-klack klappern die Hufe auf dem Asphalt und lassen dich die Stadt auf eine ganz besondere Weise erleben.

3 Oriental Chic

Marrakesch hat nicht nur in Sachen Wohndesign die Nase vorn, sondern ist auch für einen kreativen Mode-Stilmix bekannt. Abdellatef en Nosse näht, häkelt und designt außergewöhnliche Mode im trendigen Marokko-Style. Sein Laden Caftan Soltana liegt mitten im Souk Serrajine in der Medina – frag dich einfach durch!

to see

4 Madrasa Ben Youssef

Wenn es einen Ort gibt, den du 2023 unbedingt aufsuchen solltest, dann ist es diese zauberhafte Koranschule aus dem 14. Jh. Über mehrere Jahre wurde sie renoviert und 2022 wieder eröffnet. Jetzt erstrahlt sie so schön wie nie!

5 Die Souks

Bunt, bunter, Souks. Die Basare und Marktstraßen werden dich in ihren Bann ziehen. Versprochen! Taschen und Schmuck, Kräuter und Pantoffeln, Teppiche und Teegläser – das Angebot ist schwindelerregend. Pass auf, dass du nicht dem Kaufrausch verfällst, du wärst nicht der Erste!

6 Jardin Majorelle

Die schönste Adresse der Neustadt! Kobaltblau leuchtet der Garten, den der Maler Jacques Majorelle vor 100 Jahren anlegte. Fashionistas wissen, dass einer der früheren Besitzer Yves Saint Laurent hieß (seine Asche ist hier verstreut), und zwischen Kakteen und Wasserbassins kannst du den Geist der beiden Künstler spüren.

MARRAKESCH

Land: Marokko
Sprachen: Marokkanisch-Arabisch (Darija) und Französisch
Einwohner: knapp 1 Mio. (offiziell)
Währung: Marokkanischer Dirham
Anreise: Mit dem Flugzeug direkt nach Marrakesch, zum Beispiel mit Ryan Air ab Frankfurt-Hahn oder mit easyJet ab Berlin
Mehr Infos: www.marokko.com

		€€€
JAN	JUL	
FEB	AUG	
MÄR	SEP	€€
APR	OKT	
MAI	NOV	
JUN	DEZ	€

BESTE REISEZEIT **BUDGET SKALA**

800 Jahre alt und schöner denn je! An der Madrasa Ben Youssef kommst du nicht vorbei. Die wahre Pracht der komplett restaurierten Koranschule verbirgt sich im Inneren.

DIE JURY

Prof. Peter Wippermann
Peter Wippermann ist Trendforscher und gründete 1992 das Trendbüro. Von 1993 bis 2016 lehrte er als Professor für Kommunikationsdesign an der Folkwang Universität der Künste in Essen.

Prof. Harald Zeiss
Harald Zeiss ist Tourismus-Experte und seit 2011 Professor an der Hochschule Harz in Wernigerode. Seine Forschungsschwerpunkte sind Nachhaltigkeit und Internationaler Tourismus.

Dr. Stephanie Mair-Huydts
Die Verlegerin leitet das Medienhaus MAIRDUMONT bereits in dritter Generation. In ihrer Freizeit reist sie leidenschaftlich gern mit ihrer Familie, etwa nach Asien oder in die Bretagne.

Jens Bey
Jens Bey schreibt als MARCO POLO Autor u. a. über seine Heimatstadt Stuttgart. In den letzten zwei Jahren erkundete er Deutschland – und freut sich wieder auf die weite Welt.

Jan Düker
Seit mehr als 20 Jahren betreut Jan Düker als Lektor Reisebuchprojekte – vom Bildband bis zur Backpacker-Bibel. Seine Herzensregion Südostasien durchstreift er auch regelmäßig als Autor.

Wir haben eine Idee ....

Die Welt ist groß – und unsere Möglichkeiten zu reisen waren in den letzten zwei Jahren klein. Und heute? Können wir wieder losziehen. Aber die Welt ist immer noch groß, und die Bucket Lists werden immer länger. So entstand die Idee zu einem Guide, der angesagte, unbekannte, neu zu entdeckende Destinationen und Trends in Deutschland, Europa und der Welt präsentiert.

Welche Trends sind es denn nun?

Nachhaltigkeit ist wohl einer der Haupttrends, die das Reisen in Zukunft prägen. Nachtzug statt Kurzstreckenflug, (E-)Bike- statt Roadtrip, Zurück-zu-den-Wurzeln-Bergurlaub statt alpinem Massentourismus – das ist die Richtung, die das Reisen nimmt. Dazu gibt es jede Menge Ziele, die sich nach der Pandemie neu aufgestellt haben oder die man speziell im Jahr 2023 besuchen sollte.

Lasst uns die MARCO POLO Autoren befragen!

Mehr als 200 Autorinnen und Autoren arbeiten für MARCO POLO. Sie wurden aufgerufen, Trends in ihren Spezialgebieten zu sammeln und Länder, Regionen und Städte vorzuschlagen, die ihrer Meinung nach 2023 besuchenswert sind.

Die Liste wächst ...

Die Vorschläge der MARCO POLO Autoren wurden zusammen mit denen der Reiseprofis aus der MARCO POLO Redaktion gesammelt und in eine Longlist überführt. Doch wie wird aus einer Longlist eine Shortlist? Indem man sie in redaktionellen Runden so lange diskutiert, bis es eine Einigung gibt.

Jetzt muss eine Jury her!

Die Shortlist haben wir an die Mitglieder der Jury weitergereicht, die nach einem Punktesystem ihre Favoriten ausgewählt hat. Am Ende standen 40 Trends und Ziele, von denen alle, die für und an MARCO POLO arbeiten, überzeugt sind, dass sie 2023 prägen und spannend machen werden.

REGISTER

REGISTER

BILDNACHWEIS

Christian Wyrwa, Isernhagen: S. 184 Mitte re. o.
Corinna Spitzbarth, Mössingen: S. 184 Mitte li.
Huber Images, Garmisch-Partenkirchen: S. 36, 52 (Francesco Carovillano); 43 (Monica Goslin)
Jan Düker, Berlin: S. 184 u.
Kai Kröger Fotografie, Spiekeroog: S. 20 (Kai Kröger)
laif, Köln: S. 32/33 (Andreas Hub); 84 (Bertrand Gardel); 119 (Clemens Zahn); 10/11 (Dagmar Gumm); 24, 27 (Dagmar Schwelle); 128 (Frank Heuer);48/49(GerhardWestrich);112/113(hemis/ GUIZIOU Franck); 76/77, 126/127, 155 (Le Figaro Magazine/Fautre); 2 u. li., 168, Umschlagklappe vorn, Umschlag innen vorn (Le Figaro Magazine/ Martin); 28/29 (Louis-Marie Perau/hemis); 23 (Martin Kirchner); 156/157 (Patrick Frilet/hemis. fr); 91 (Thomas Linkel)
Lookphotos, München: S. 152/153 (Are Media); 51 (Sylvia Pollex)
Mauritius Images, Mittenwald: S. 159 (age fotostock/Tibor Bognár); 75 (Alamy/Alamy Stock Photos/Arterra Picture Library); 83, 175 (Alamy/ Alamy Stock Photos/Bogdan Lazar); 111 (Alamy/ Alamy Stock Photos/Chameleon Pictures); 61 (Alamy/Alamy Stock Photos/Classic Image); 58 (Alamy/AlamyStockPhotos/editoria/RossHelen); 167 (Alamy/Alamy Stock Photos/Eric Nathan); 164 (Alamy/Alamy Stock Photos/Gallo Images); 108/109 (Alamy/Alamy Stock Photos/Georgios Tsichlis); 160 (Alamy/Alamy Stock Photos/Jeffrey Isaac Greenberg 4+); 14/15 (Alamy/Alamy Stock Photos/Uwe Moser); 80 (Eye Ubiquitous Mock-ford & Bonett); 18/19 (Florian Küttler); 64/65 (Harald Schön); 31 (imageBROKER/Andreas Vitting); 40/41 (imageBROKER/Günter Gräfen-hain); 35 (imageBROKER/Norbert Probst); 88/89 (Johnér); 95 (Ludovic Maisant/hemis.fr); 68 (Martin Siepmann); 3 u. re., Umschlagklappe hinten (Novarc Images/Andreas Vitting); 39 (West-end61/Martin Moxter)
Muriel Brunswig, Freiburg: S. 2 u. re., 180, 183, Umschlaginnenklappe hinten
picture-alliance, Frankfurt a. M.: S. 87 (dpa/ MAXPP/Arnaud Dumontier); 104 (Frank Rumpenhorst); 8/9 (Global Warming/Images Ashley Cooper)
Shutterstock.com, Amsterdam (NL): S. 171 (AhBoon.net); 79 (Andrey Armyagov); 163 (Ariel Dufey); 135 (Baisa); 72, 188 (Catarina Belova); 172/173 (Chris CR); 125 (David Fadul); 179 (DCrane); Umschlag innen hinten (Dionisio iemma); 92/93 (essevu); 143 (Framalicious); 176 (Galyna Andrushko); 122 (Joa Souza); 3 u. li., Umschlaginnenklappe vorn (Joao Paulo V Tinoco); 67 (Kirk Fisher); 147 (Kylie Nicholson); 99 (Lachlan1); 144/145 (Lukas Bischoff Photography); 115 (Magdalena Paluchowska); 62/63 (Matej Kastelic); 139 (MelleW); 151 (Mike Van Moonlight); 96 (Min Jing); 148 (Nick Starichenko); 140 (Prithul); 116 (Rawpixel); 71 (Rimgaudas Budrys); 103 (Robson90); 55 (shuttermee); 131 (Travel man); 6/7, 17 (Umomos); 132/133 (Wirestock Creators); 107 (WorldWander); 136 (Xinovap)
The Whale, Andenes: S. 100/101 (MIR, Bergen)
Trendbüro, Hamburg: S. 184 o.
Veronika Endriß, Kempten: S. 184 Mitte re. u.
Weltkulturerbe Völklinger Hütte: S. 47 (Corinna Schneider); 44/45 (Tom Gundelwein)

Umschlagvorderseite: Meerblick von der Rota Vicentina, Alentejo, Portugal (laif, Köln: hemis/ GUIZIOU Franck)

Umschlagrückseite: Singapur bei Nacht (Mauritius Images, Mittenwald: Image Source Henglein and Steets)

ALLE **MARCO POLO** REISEFÜHRER

WESTEUROPA

BENELUX

Amsterdam
Brüssel
Cornwall &
Devon
Dublin
Edinburgh
England
Flandern
Irland
Kanalinseln
Lake District
London
Luxemburg
Niederlande
Niederländische
Küste
Oxford
Schottland
Südengland

OSTEUROPA

Baltikum
Budapest
Danzig
Krakau
Masurische Seen
Moskau
Polen
Polnische
Ostseeküste/
Danzig
Prag
Slowakei
St. Petersburg
Tallinn

Tschechien
Ungarn
Warschau

SÜDOSTEUROPA

Bulgarien
Bulgarische
Schwarzmeer-
küste
Kroatische Küste
Dalmatien
Kroatische Küste
Istrien/Kvarner
Montenegro
Rumänien
Slowenien

GRIECHENLAND
TÜRKEI
ZYPERN

Athen
Chalkidikí/
Thessaloníki
Griechenland
Festland
Griechische
Inseln/
Ägäis
Istanbul
Korfu
Kos
Kreta
Peloponnes
Rhodos
Sámos
Santorin
Türkei

Türkische
Südküste
Türkische
Westküste
Zákinthos/
Itháki/
Kefalloniá/
Léfkas
Zypern

NORDAMERIKA

Chicago und
die Großen Seen
Florida
Hawai'i
Kalifornien
Kanada
Kanada Ost
Kanada West
Las Vegas
Los Angeles
New York
San Francisco
USA
USA Ost
USA Südstaaten/
New Orleans
USA Südwest
USA West
Washington D.C.

MITTEL- UND
SÜDAMERIKA

Argentinien
Brasilien
Chile
Costa Rica
Dominikanische

Republik
Jamaika
Karibik/
Große Antillen
Karibik/
Kleine Antillen
Kuba
Mexiko
Peru & Bolivien
Yucatán

AFRIKA UND
VORDERER
ORIENT

Ägypten
Dubai
Iran
Israel
Jordanien
Kapstadt/
Wine Lands/
Garden Route
Kapverdische
Inseln
Kenia
Marokko
Marrakesch
Namibia
Oman
Rotes Meer &
Sinai
Südafrika
Tansania/
Sansibar
Tunesien
Vereinigte
Arabische

Emirate

ASIEN

Bali/Lombok/
Gilis
Bangkok
China
Hongkong/
Macau
Indien
Japan
Kambodscha
Ko Samui/
Ko Phangan
Krabi/
Ko Phi Phi/
Ko Lanta/Ko Jum
Malaysia
Myanmar
Nepal
Peking
Philippinen
Phuket
Shanghai
Singapur
Sri Lanka
Thailand
Tokio
Vietnam

INDISCHER
OZEAN UND
PAZIFIK

Australien
Malediven
Mauritius
Neuseeland
Seychellen

IMPRESSUM

1. Auflage 2023
© MAIRDUMONT GmbH & Co. KG, Ostfildern
ISBN 978-3-575-01614-0

Projektleitung und Konzept: Andrea Wurth
Autorinnen und Autoren: Volker Alsen, Kathleen
Becker, Jens Bey, Klaus Bötig, Muriel Brunswig,
Jörg Dauscher, Christina Horsten, Susanne Jaspers,
Gabriele Kalmbach, Corinna Melville, Henning
Neuschäffer, Martin Petrich, Michel Rauch, Christian
Selz, Nicolas Stockmann (www.brasilieninsider.de),
Johanna Trommer, Meik Unterkötter, Yvonne Weik,
Felix Zeltner
Gestaltung und Karten: Eggers + Diaper, Potsdam
Produktion: Bintang Buchservice GmbH, Berlin,
www.bintang-berlin.de
Lektorat, Satz, Bildredaktion: Sabine Bösz, Jan Düker

Printed in Italy